まんがでわかる発達心理学

●監修
法政大学文学部
心理学科教授
渡辺弥生

●漫画
鈴村美咲

講談社

はじめに

科学が進歩し、生命の神秘が解き明かされつつあります。不思議なことに、明らかになればなるだけ秘密のベールは幾重もあることが分かり、一つの生命は、奇跡とも言える偶然の繰り返しの中でこの地球上に宿り、育つことを知ることになります。終わりのないロマンを感じます。太古の昔から、人は生まれてから死に至るまでの生涯を等しく一度だけ経験します。こうした経験を映画、ドラマ、小説、ニュース、あるいは身近な人たちを通して想像することはできますが、「自分」はどこからどこへいこうとしているのか、自分に適した生き方とはどういうものか、と折に触れて湧いてくる疑問への答えを持ち合わせていないものです。自分以外の他人という存在は、生きることの素晴らしさを教えてくれるときもあれば、同時に生きることの難しさを感じさせる場合も少なくありません。

発達心理学は、生まれてから死に至るまでの生涯の発達を科学的に探求する学問です。胎児期から、乳児期、幼児期、児童期、青年期、成人期、高齢期と、各時期にそって心や身体がどのように変化していくのかを解明しようとしています。単なる時間的変化だけではなく、幸せになるという価値観を含んだ一生涯を対象にした学問分野です。

この本は、まんがを通してキャラクターのヴィヴィッドな生活体験の中から発達心理学を学ぶことを可能にしました。専門書相当の用語や考え方を網羅する画期的な一冊になっています。発達心理学を学ぶ学生はもちろん、「心」に関心のある方、心理学の知識を活かした仕事を希望している方など、すべての人のお役に立つことができれば幸いです。

最後に、企画、シナリオ、まんが……、編集の方々とのたゆまぬコラボレーションのプロセスから学ぶことが多々ありました。感謝申し上げます。

渡辺弥生

目次

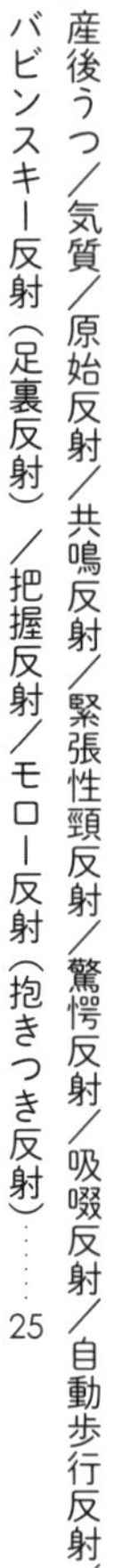

📄＝表組み、実験、テストなど
✏＝用語解説しているもの

第2章　幼児期（1～5歳）

真桜ちゃん おはよう
おはよ

やっぱり ママが安心できる 場所よね

今日は 遅くなったから 早く帰るのよ
いや アイス食べる！

今日、保育園でお店屋さんごっこやったの
楽しかった

愛ちゃん昨日誕生日だったから大きいのを食べて

パチ
パチ

しつこい(粘り強い)親の影響大
明日もやるからね!

うん? 計算はできている気がする

第4章 青年期（前期～中期 13～18歳頃）

●発達の年齢には個人差があります。表示している年齢は、あくまでも目安としてお考えください。

主な登場人物紹介

●朝倉真桜（あさくら まお）
朝倉翔太、詩織夫妻の一人娘。素直で明るい性格で、成績は中の上程度。思春期の頃は、サッカーひとすじの幼なじみ正輝、才色兼備の親友涼香と自分を比較し葛藤を抱えるが、やがて自分の生き方を見出す。

●朝倉翔太
（あさくら しょうた）
真桜の父。詩織より3つ年上。おっとりとした性格で、細かなことに気づかないことも多いが、家族思いのイクメン。

●朝倉詩織
（あさくら しおり）
30歳で翔太と結婚、32歳で真桜を出産する。独身時代は、正社員として仕事に励み、育休後は時短勤務を経て復帰する。

●木戸亜季乃（きど あきの）
正輝の母。大学で心理学を専攻し、週2日、スクールカウンセラーとして中学校で働いている。本書ではときどきカウンセラー亜季乃となって、詩織や真桜に育児や人生のアドバイスをする。

●木戸正輝（きど まさき）
木戸夫妻の次男。真桜とは同じ年齢で同じマンションに住む幼なじみ。まっすぐな性格で行動力があり、学童期にサッカー大好き少年となる。サッカーを通して人間関係の難しさや社会の厳しさを学んでいく。

〈カウンセラー亜季乃〉

●荻野涼香
（おぎの りょうか）
小学校からの真桜の友だち。負けず嫌いで、おしゃれも恋も妥協しない芯の強さを持つ。真桜とは同じ中学、高校に進み親友となる。

プロローグ　発達心理学ってどんな学問？

こんにちは。
この授業は「発達心理学」についての講義ですがみなさんは発達心理学とはどのような学問だと思いますか？
知っている人？

ガク
シーーン

まずは、そこから理解していきましょうね。
心はいつからどのように変化していくのでしょう。発達心理学は、受精から死に至るまでの生涯において、人間の心身や行動が量的および質的に変化（変容）していく発達的な特徴を探求する学問です。本授業では、胎児期から成人期に至る人間の発達を時間軸に沿ってお話しします。みなさんはその中で発達や教育の本質、さらには人としての生き方そのものを考える学問だということが分かってくるはずです

ここまでで何か質問がある人いますか？

胎児期とか人生はいくつかに分かれているのですか？
よい質問ですね！

現代は、科学技術の進歩とともに、胎児の世界がある程度、分かるようになったほか、高齢期においても、ただ衰えていくのではなく、その時期の独自の課題のもとに、より成熟した人間へと成長しうる存在であることが分かり、生涯発達という観点から研究されるようになっています。複数の学者が発達の段階を提唱していますが、まずは代表的な発達段階説、ピアジェ（Piaget,J.）とエリクソン（Erikson,E.H.）の説を学びましょう。スイスの心理学者ピアジェは、子どもの思考は段階的に発達するものとして、以下の４つに分けました

●ピアジェの発達段階説

感覚運動期（0 〜 2 歳頃）

言語を習得するまでの身体的・運動的な活動時期。物に直接働きかけるなどの活動を通して外界を認識し、次第に自分を取り囲んでいる物をイメージしてから行動できるようになっていく。

前操作（※１）期（2 〜 7 歳頃）

前操作期は**前概念的思考段階**（2〜4歳頃）と**直観的思考段階**（4〜7歳頃）に分かれる。前段階では、言葉や表象能力（※2）や象徴機能（※3）が発達し、後者の段階になると概念を獲得し、事物を相互に関連づけることができるようになる。

具体的操作期（7 〜 11 歳頃）

具体的な、目に見える物について考えられるようになる。また、他者の視点に立つことができるようになる。長さ、数など簡単な**保存概念**（→ P.80）が獲得され、見かけに左右されず論理的に考えることができる。しかし、抽象的な物事は、うまく考えることができない。

形式的操作期（11、12 歳〜）

現実の具体的なことに対してだけでなく、抽象的なことも自由に仮説を立てながら、一定の論理形式に沿って考え、結論を導くことができるようになる。

※１操作　頭の中に思い浮かべた形や物事を変化させること
※２目に見えないものを思い浮かべられる能力　※３現実にないものを他に置き換えられる機能

ピアジェの発達段階説とよく比較される理論に、ヴィゴツキー（Vygotsky,L.S.）の**発達の最近接領域**があります。子どもが問題を一人で解決できる発達のレベルと、養育者やより能力の高い他者（学校の先生など）との共同や支援によって解決できるレベルの間には発達の潜在領域**（最近接領域）**があり、この潜在領域に働きかけることで子どもはより高いレベルに発達していくことができるという概念です。ピアジェが子どもは環境と相互作用しながら自分自身で発達していくものと考えたのに対し、ヴィゴツキーは、子どものびしろを考え、大人からの支援や教育のあり方を重視しました

ピアジェの感覚運動期はさらに６段階に分類されます

第１段階　生得的なシェマの同化と調節（0～1ヵ月頃）

泣く、握る、吸うなどの行動様式（**シェマ**）を用いて、外界にあるものを取り入れたり（**同化**）、自分のシェマを環境に合わせたりして（**調節**）、適応していこうとしている。

第２段階　第１次循環反応期（1～4ヵ月頃）

手や足をバタバタさせる、指を吸うなど、自身の経験した反応を繰り返し、すでに獲得している**シェマ**と組み合わせ始める。

第３段階　第２次循環反応期（4～8ヵ月頃）

自分以外の外部に興味が広がり、動くと音が鳴る、触ると音が出るといった、ある行為の結果に気づくようになる。自分の外部にある、こうした興味のあるものを再現しようとする。

第４段階　２次的シェマの協応期（8～12ヵ月頃）

物の永続性（→ P.33）の概念が芽生え、目の前から物が見えなくなっても存在していることが分かる。いつもの場所にしまってあるおもちゃを見つけたりするようになる。シェマを組み合わせることができる。

第５段階　第３次循環反応期（12～18ヵ月頃）

目的に合わせて行動できるようになる。ボールを床に落としたときと、ころがしたときの動きなど、動作と結果の違いを理解できるようになる。

第６段階　洞察の始まり（18～24ヵ月頃）

動く前に予測を立てられるので、取りにくい場所にあるおもちゃも工夫して取れる。

●エリクソンの８つの発達段階説（Erikson & Erikson,1997 をもとに作成）

高齢期								統合対 絶望 【知恵】
成人期							世代性対 停滞 【世話】	
成人初期						親密性対 孤独 【愛】		
青年期					アイデンティティ対 拡散 【誠実】			
学童期				勤勉性対 劣等感 【有能】				
幼児後期			自主性対 罪悪感 【目的意識】					
幼児前期		自律性対 恥・疑惑 【意思】						
乳児期	基本的信頼対 基本的不信 【希望】							

※【　】は心理的葛藤から得られる活力

エリクソンの８つの発達段階説を詳しく説明します

乳児期（0～1歳頃）基本的信頼 対 基本的不信

養育者を通して世界が信頼できるものであるという「基本的信頼」を得るが、信頼できない体験があると不信（「基本的不信」）を抱く。こうした両側面を体験することが重要で、両側面のバランスをとって基本的不信を克服できると、健全な人格形成に大切な希望という活力を得る。

幼児前期（1～3歳頃） 自律性 対 恥・疑惑

運動機能が発達し自分の意思で行動できるようになる。成功すれば大人にほめられて自信を持ち、自分の心身の状態を自分で統制する自律性を深める。しかし、失敗すると恥ずかしいと思ったり、自分に疑いを持ったりする。この恥や疑惑を克服し自律性を獲得すると、意思という活力を得る。

幼児後期（3～5歳頃） 自主性 対 罪悪感

好奇心が芽生え何事にも果敢にチャレンジしていく自主性が高まる時期。その一方で大人に叱られたり、行動を制限されたりすると、自分は悪い子なのではないかという罪悪感を抱くようになる。罪悪感に支配されずに、自主性を充分に発達させることができると目的意識という活力を得る。

学童期（6～12歳頃） 勤勉性 対 劣等感

周囲から認められたいという思いが強くなる。自分で努力をして勉強やスポーツの目標を達成しようとする勤勉性が高まるが、その一方で、がんばってもうまくいかなかったり認められなかったりすると自信をなくして、劣等感が生じる。この危機を克服すると有能という活力を得る。

青年期（13～20代前半）アイデンティティ（自我同一性）対 拡散

「自分とはどんな人間か（アイデンティティ）」に関心が向くようになる。「自分は自分」という確信や自信が持てるとアイデンティティが獲得されたといえる。しかし、自分のことが分からず混乱したままでいると、拡散という危機状態となる。この危機を克服すると誠実という活力を得る。

成人初期（20代前半～30代頃） 親密性 対 孤独

自分にかかわる他人と成熟した関係性を築くことで親密性を獲得する。一方で、情緒的で長期的な人間関係が維持できず、表面的で形式的な人間関係しか築けないと孤独に陥る。この時期に孤独という危機を克服し親密性を獲得すると愛という活力を得る。

成人期（30代～60代頃） 世代性 対 停滞

培ってきた人間的な能力を次世代に伝えていく時期。それが自分自身のさらなる成長、発達につながる。しかし、自分の考え方や価値観にとらわれ、次世代に無関心でいると停滞が生じる。停滞を克服し、世代性を獲得することで世話という活力を得る。

高齢期（60代頃～） 統合 対 絶望

統合とは、自分の人生をよい人生だったと受け入れ、死に対して安定した態度で向き合うこと。しかし、人生を後悔し、老化や時間のなさに不安や焦りを募らせてばかりいると絶望したまま生涯を終えることになる。絶望の危機を克服し統合を獲得することで、知恵という活力を得る。

まずは、「何歳で何ができるようになるか」、また「いつどのような課題に直面するか」など、生きるうえでの「発達のものさし」を持つことができます。このものさしがあると、自分の発達を振り返ったり、自分を客観的に理解したりすることができます

誕生 → 死

時期	課題
乳児期	自分の存在を知る 自分以外の存在を知る
幼児前期	歩き始める 第一次反抗期が始まる
幼児後期	自主性が芽生える
学童期	勤勉性が高まる 相手の視点に立てる
青年期	第二次反抗期が始まる アイデンティティを獲得する
成人初期	自分に合った職業に就く 生涯のパートナーと出会う
成人期	子どもを育てる 後進を育成する
高齢期	自分の人生を受け入れ、死と向き合う

●発達心理学を必要とする仕事

医療福祉現場／医師、看護師、精神保健福祉士、遺伝カウンセラー、介護福祉士、保健師、公認心理師など	健常な発達を知っていることで、どんな症状が病気なのか、どんなことでその人が苦しんでいるのかを見極めることができる。適切なサポートや治療の支援に役立つ。	教育現場／保育士、教員、スクールカウンセラー、スクールソーシャルワーカー、放課後児童支援員など	保育園、幼稚園、小学校から大学まで、教育現場にいる人にとっては必須。それぞれの時期に合わせた的確な目標設定ができ、個々の問題点も理解することができる。
司法の現場／家庭裁判所調査官、児童相談所職員、児童自立支援専門員、少年鑑別所法務技官、法務教官、弁護士、警官など	子どもたちの心を理解するためのアセスメントをもとに、どういった対応が適切かを考えたり、人が法を犯すのはなぜか、法を犯した人にどのように接し更生に導くかを考えたりするのに役立つ。	心理の臨床の現場／スクールカウンセラー、子ども発達センター・児童発達支援センター職員、臨床心理士など	子どもの心のケアや発達障害、精神的な疾患に対応するのに必須の知識。何を障害とするかの判断や、個別の症状に応じて具体的な支援策を立てることができる。
キャリア形成の現場／キャリアカウンセラー、産業カウンセラーなど	進路がなかなか定まらないような大学生や、社会に出ても適応できずに行き詰まった人に対して、的確なアドバイスをすることができる。	メディア関連／教育関係、保健や福祉・医療関係の情報を発信する記者・編集者など	心に不安を抱えている人や、医療福祉、教育などの情報を得たいと思っている人に向けて、正確な情報を分かりやすく伝えることができる。

キーンコーン

人間が生きるというプロセスにはまだまだ不思議なことがあふれています。発達心理学の世界をみんなで探求していきましょう。本日の授業はここまで！

けっこうおもしろかったね渡辺先生の講義

亜季乃さん私、出合えたよ！夢中になれることに

ガヤ
ガヤ

18年前に戻る

第1章

胎児期～乳児期

（胎児～1歳）

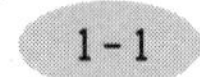
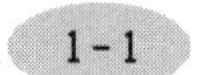

1-1 胎児期　胎児期の発達

妊娠月齢	1ヵ月	2ヵ月	3ヵ月	4ヵ月	5ヵ月	6ヵ月	7ヵ月	8ヵ月	9ヵ月	10ヵ月
妊娠週数	0～2 / 3	4～7 / 8	9～11	12～15	16～19	20～23	24～27	28～31	32～35	36～
	細胞期（0～2）	胚芽期	胎児期							
胎芽・胎児の様子										
身長 体重 （※1）		頭殿長（とうでんちょう） （※2） 約10～13mm 約4g	頭殿長 約38mm 約30g	約15cm 約110g	約24cm 約240g	約30cm 約600g	約35cm 約1000g	約40cm 約1500g	約46cm 約2300g	約50cm 約3000g

※1　身長と体重は月齢後半の数値　※2　赤ちゃんの頭からおしりまでの長さ

『最新決定版　妊娠全百科』（学研プラス）、『図で理解する発達』（福村出版）をもとに作成

胎児の五感の発達について説明します。まず触覚の反応は妊娠16週頃には観察されるようになります。嗅覚と味覚についても、同じ頃までには機能し始めています。聴覚については妊娠20週目には内耳や中耳などの基本構造が完成します。視覚はもっともゆっくりで、妊娠25週頃になって器官が完成します。このような五感にかかわる能力のことを**知覚**（✎）能力といいます

✎知覚

感覚器官を通して事物や事象を知ること。

胎児ちゃんは「ママ、心配しないで！」って思っているわよ

あっ蹴った！
ほらね！

木戸さんって詳しいんですね～
私ね中学校でスクールカウンセラーしているの。だから学生時代に発達心理学を勉強したのでちょっと詳しいの
今、この子に手がかかるから非常勤で週２日だけどね

朝倉詩織様診察室にどうぞ
今度またいろいろ教えてください

もちろんよ
部屋番号知っているよね
バイバイ

※妊娠中のアルコール摂取には、先天性疾患の一つである胎児性アルコール症候群になる可能性がある。喫煙は、流産、早産などの確率が高まる可能性がある。

気質と愛着

はい ここがまおたんのおうちでちゅよ～
これからが大変なのよね

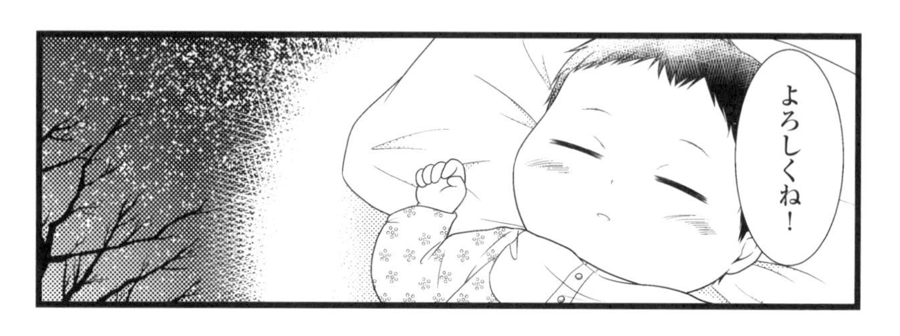
よろしくね！

コソ
どう？

今日もたくさん泣きました！私もね
どよ…

俺だって2時間睡眠で仕事してきたんだよ～。もう一度母さんに手伝いに来てもらえば？
お義母さまも仕事があるし腰痛を悪化させちゃったじゃない。これ以上頼れないわ

① 産後うつ

産褥（さんじょく）うつともいう。出産後のホルモンバランスの乱れとともに、さまざまな要因で生じる。

② 気質

人間は一人ひとり違う。赤ちゃん（新生児）には、よく泣くタイプやあまり泣かないタイプ、敏感なタイプや鈍感なタイプ、よく動くタイプやあまり動かないタイプなどがある。このような発達初期からの個人差を**気質**という。**気質**は親のかかわり方などの影響を受けながら変化していくものなので、他の子と比べず、自分の子どもの**気質**をおおらかに理解してかかわるようにするとよい。

③ 原始反射

新生児期に現れる外部の刺激に対する一連の反射運動で、脳幹・脊髄の中枢神経によるものといわれている。生後の一定期間だけに見られ、大脳皮質が発達してくるにしたがい消失する。

●原始反射の主な例

反射	内容
共鳴反射	大人が口をあけたり、舌を出したりすると同じようにする。
緊張性頸（きんちょうせいけい）反射	仰向けの状態で、頭を右（または左）に向けると、向けているほうの手足が伸び、反対側の手足が曲がる。
驚愕（きょうがく）反射	物音にびくっと反応する。
吸啜（きゅうてつ）反射	くちびるに触れたものを強く吸う動作。
自動歩行反射	立った姿勢にすると、足を前に出す。体を前に進めると足を交互に動かす。
バビンスキー反射（足裏反射）	かかとからつま先に向かって足裏をこすると足の親指が甲側に反り、他の指が開く。
把握反射	手のひらに物をのせるとギュッと握ろうとする。足裏に圧迫を与えるとギュッと閉じる。
モロー反射（抱きつき反射）	寝ている状態の新生児を背から抱き起こして頭を支える手を放すなどすると、両腕を広げ何かに抱きつくような動作をする。

ピンポーン

ご無沙汰。
九州の実家から
昨日戻ってきたの
はい
博多名物
明太子
博多
亜季乃さん！
わぁー、男の子
かわいい～

④
あー
う～

ここ数日で
ようやく夜起きるのが
1回ぐらいになったの
それまでは
1時間おきに起きて
授乳、オムツ替えで
フラフラだったわ

赤ちゃんは泣くことで
周囲の養育行動を
引き出しているの
つまり
「おなかすいたよ！」
「暑いよー」って
コミュニケーション
しているのよ
赤ちゃんが泣いたら「どうしたの？」「おなかすいたの？」とママやパパが応答していくことで、赤ちゃんはママやパパから関心を向けてもらえることに満足感や安心感を得ます。その繰り返しで、信頼関係を築いていきます。**基本的信頼 対 基本的不信**（→ P.15）

④クーイング	生後1ヵ月くらいから3ヵ月くらいまでの「アー」「ウー」「クー」といった喉の奥を鳴らすような音声。
⑦喃語（不完全喃語）	生後4ヵ月くらいから「バー」「アブー」といった何かを伝えるような音声を出す。
反復喃語（基準喃語）	生後6ヵ月頃から「ンマンマ」「ダーダー」など同じ音を反復するようになる。
初語	1歳頃に現れる、初めての意味のある言葉を初語というが、まだ一つの言葉のみ（一語文）である。1歳半頃から二語文になる。

⑤愛着　⑥注視行動 （ともに→ P.28）

ボウルビィ（Bowlby,J.）は特定の他者に対して接近を維持するための愛情の絆を**愛着（アタッチメント）**と定義しました。**愛着行動**とは愛着を築くために赤ちゃんが具体的に行う行動で、以下は、その中の一つ、泣いたり声を発したりして注意をひく、**信号行動**と呼ばれるものです

泣く・微笑む

手足をバタバタさせる

意味のない言葉（＝**喃語**）を発する

このほか、動くものを目で追う行動**（注視行動）**や声を聞こうとする行動を**定位行動**、しがみつき、後追いといった行動を**接近行動**と呼び、**信号行動**、**定位行動**、**接近行動**を合わせて、**愛着行動**と呼びます

ボウルビィによると愛着には4つの段階があります

第１段階

前愛着期（誕生～2－3ヵ月頃）
周りの人すべてに対して視線を向けたり手を伸ばしたりする。（定位行動・信号行動）

第２段階

愛着形成期（2－3ヵ月－6ヵ月頃）
身近な人に対してのみ、目で追ったり、声を発したりする（定位行動・信号行動）。人見知りが始まる。

第３段階

明確な愛着期（6ヵ月頃～３歳頃）
特定の養育者に対して接近行動をし、その養育者を安全基地として探索行動をするようになる。離れるときに不安が強くなる。

第４段階

目標修正的協調関係期（３歳頃～）
養育者が自分とは分離している存在であることを認識し、養育者の目的や行動、感情をある程度推測して、自分の行動を調節できるようになる。

養育者が子どもを愛していて、その存在を尊重し、子どもから発せられるシグナルに常に応答しようとする態度があると、子どもは安定した**愛着**を築けるようです

⑧ 選好注視法

注視を利用し、まだ寝返りもハイハイもできない乳児が何に興味があるのかを推測したファンツ（Fantz,R.L.）による実験手法。その結果、乳児は顔のような図形を一番注視する傾向が確認されている。

	生後2〜3ヵ月	生後3ヵ月以降
人の顔		
文字のアップ		
3重マル		
赤の円		
白の円		
黄色の円		

図形の複雑感 高 ↑ 低
0 10 20 30 40 50%
総注視時間中の割合
Fantz, 1961

⑨ 社会的微笑（ほほえみ）

ボウルビィの愛着の発達段階の第2段階頃から見られる。生後3〜6ヵ月の頃に、父親や母親など、信頼できる身近な人物からの働きかけに対して微笑むようになる。これを**社会的微笑**という。誕生直後のレム睡眠中に見られる微笑は**新生児微笑**（生理的・自発的微笑）といい、外的刺激には関係のない生理的反応といわれている。

1-3 0～1歳 人見知りと物の永続性

① 人見知り

ボウルビィの愛着の発達段階では、第２段階（→ P.28）に現れるとされる。身近な人とそうでない人を明確に区別するようになり、見知らぬ人に警戒心を抱くようになる。身近な人とのかかわりが信頼関係を築きつつあることが分かる。

② 直接模倣（即時模倣）

大人がアーンと口をあけるとアーンと開くなど、養育者や大人と同じ動作を乳児がすること。生後0～1歳にかけて見られる。視覚情報を処理し、身体で表現する能力の発達によるものと考えられる。1歳半頃より時間をおいてから再現できる**延滞模倣**（→ P.45）が見られるようになる。

③ 初語→ P.27

④ 物の永続性

生後８ヵ月頃から、対象物が視界から見えなくなっても存在し続けること（**物の永続性**）を認識できるようになる。「いないいないばー」を喜ぶのは、「いないいない」と言っても、手の向こうには顔があるということが分かっていることを表す。

1-4 9ヵ月〜1歳頃 愛着の個人差

自分で見つけた興味ある対象を指で差すことを**指差し**といいます（✎①）。また、真桜が指差ししたボールに関心を向けて、「ボールね」と亜季乃が真桜にボールを手渡したことで一つの会話が成立しています（✎②）。このことから「自己―他者」、あるいは「自己―対象」の**二項関係**の世界にいた乳児が、「自己―他者―対象」の**三項関係**を理解して認知能力を発達させていることが分かります。
さらに真桜は、亜季乃の真意を探るようにボールと亜季乃を交互に見ました。これは**交互注視**といい、他者が見ている物と他者の表情を交互に観察しながら他者の意図を理解しようとする行動です（✎③）。この**指差し**、**交互注視**といった、他者と同じ方向に注意を向け、他者と関心を共有することを**共同注意**（→ P.60）と呼びます。**三項関係**の理解が始まる９ヵ月頃から現れます

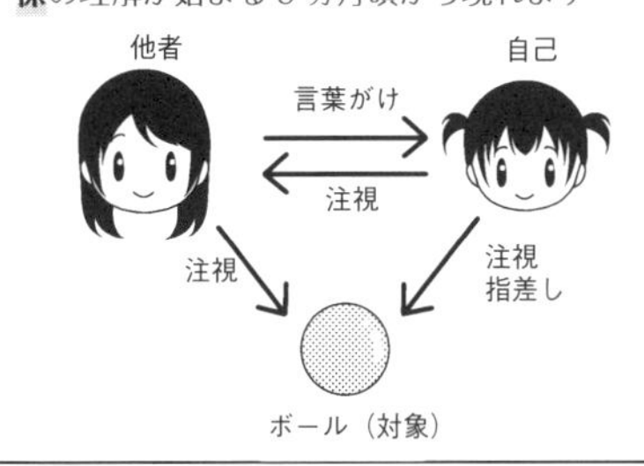

④ 内的ワーキングモデル

子どもは愛着の対象者を**安全基地**として信頼できるようになると、困ったときに助けてもらえる人がいるという確信ができるため、精神的、情緒的な安定が図られ、愛着の対象者から離れて**探索行動**できるようになる。このような他者との関係性に関する表象モデルを、ボウルビィは**内的ワーキングモデル**と呼んだ。**内的ワーキングモデル**はしだいに内在化され、大人になってから対人関係を築くうえで重要な役割を果たすといわれている。

愛着には個人差があります。それを調べるためのエインズワース（Ainsworth,M.D.S.）による有名なテストをご紹介します

ストレンジ・シチュエーション法

①

実験者、母子が入室。実験者は子どもを降ろす位置を指示して退室（30 秒）

②

母親はイスに座り、子どもは遊ぶ（3 分）

③

見知らぬ人（ストレンジャー）が入室。母親とそれぞれのイスに座る（3 分）

④

母親は退室。見知らぬ人は子どもに働きかける（3 分）。1 回目の母子分離

⑤

母親入室。見知らぬ人は退室（3 分）。1 回目の母子再会

⑥

母親退室。子どもは一人残される（3 分）。2 回目の母子分離

⑦

見知らぬ人が入室。子どもを慰める（3 分）

⑧

母親入室。見知らぬ人は退室（3 分）。2 回目の母子再会

このテストから分かる愛着の個人差

安定型	回避型	アンビバレント型(不安定型)	無秩序型
養育者から分離するときは、多少混乱や苦痛を示すが、再会のときには養育者との接触を求め、落ち着きを取り戻すことができる。	養育者と離れるときに泣くなどの苦痛や混乱を示さず、再会のときも無視して避けようとする。	養育者から離れるときは、強い苦痛や混乱を示すが、再会時には接触を求めつつも叩くなどの怒りを表す。	分離時も、再会時もどうしたらよいか分からないようなふるまいを見せる。接触を求めるが顔を背けたり、無反応だったり、怯（おび）えたりと、行動が一貫しない。

真桜ちゃんは
愛着形成がきちんと
できているわね
どういうこと
ですか？

子どもにとって
〝安全基地がある〟
ってことかな

安全基地ができて
パパやママはいつでも
助けてくれると
思えるようになると
勇気を持って
外の世界を探索できる
ようになるけど
応答してもらえない
ことが重なりすぎると
愛着形成が
うまくできない
ことになるの
外の世界
外の世界

かかわってあげるって
大切なんですね

なんでもしてあげると
いうことではなくて
求めてきたら
無視しないで関心を
向けてあげるということが
大切らしいわ
まあ、親も
神様じゃないから
完璧には無理だけど
それくらいの気持ちを
持っていると
子どももきちんと
反応してくれるから
親も育てがいを
感じられるわよね

⑤ 社会的参照

未知のものや自分で判断できない事態に直面したとき、周囲の反応を見て自分の行動を決定していくこと。具体的には「大丈夫よ」という声かけでは子どもは「たいしたことはない」と判断するが、「痛かったでしょ」と周囲が大騒ぎをすれば泣く、などといった例がある。

Column 1

遺伝か環境か 環境閾値説

人間の発達は、遺伝によるのだろうか、環境によるのだろうか。発達心理学においては、「カエルの子はカエル」といった遺伝によって決まってくるという優生学を唱えたゴールトン（Galton,F.）や、「氏（うじ）より育ち」といった、人のおかれている環境によって決まると考えられると豪語したワトソン（Watson,J.B.）の学習説などがあり、対立が続いていた。その後、双生児を対象とした階段登りの研究から、早期から学習しても大きな効果は得られないという結果を見出し、個々の学習による成熟への準備状態（**レディネス**）を待つことの意義が、ゲゼル（Gesell,A.）によって唱えられた（**成熟優位説**）。これに対して、ブルーナー（Bruner,J.S.）は、知的能力の発達には環境要因の影響が大きいとして、適切な刺激（経験）を与えれば、学習を促進できるという**環境優位説**に通じた教育観を示した。前者は教育の可能性を過小評価してしまうリスク、後者は早期教育論や教育万能論につながる問題があった。

こうした論争を調停するような学説が、シュテルン（Stern,W.）の**輻輳説（ふくそうせつ）**である。この説は、遺伝と環境が足し算的な関係にあるという考えだが、その後、ジェンセン（Jensen,A.R）が、発達は遺伝と環境の単純な加算ではなく、遺伝も環境も相互作用しているという考えを持ち出した。そして、遺伝と環境の相互作用のあり方を詳しく論じた**環境閾値説（かんきょういきちせつ）**を提唱した。遺伝によって与えられた才能があっても、その才能を伸ばすためには、環境の必要最低限の適切さである閾値があり、それ相応の環境が重要だという考えである。

下図のように、例えば、身長などは環境が不適切であっても、環境の影響をそれほど強く受けない。他方、Cの学業成績は、中程度の環境の影響を受けるので、成績向上にはある程度環境への配慮が求められる。Dの絶対音感は環境の影響をきわめて強く受けるため、音楽家に育てるには、環境条件を整える必要がある。

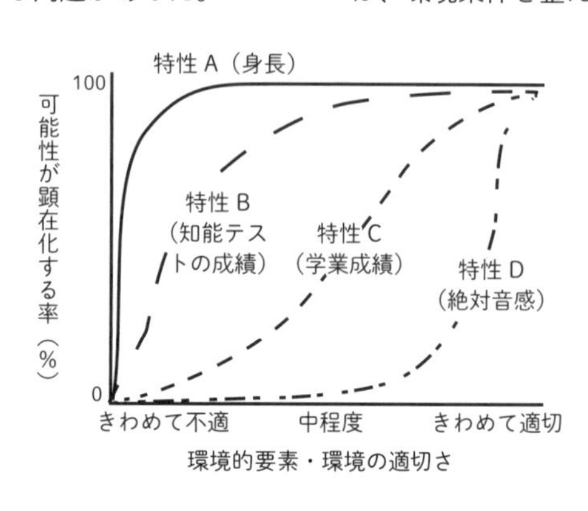

表はジェンセンの環境閾値説をもとに作成

第2章 幼児期（1～5歳）

2-1 1〜2歳 自己意識の発達

① 自己鏡映像の認知

寝ている間に子どもの鼻に赤いルージュを塗って、起きた時に鏡を見せ、子どもが自分の鼻を拭うと自分の顔が鏡に映っていることを理解しているという、ルージュテストと呼ばれている有名な自己鏡映像の認知の実験がある。１歳頃までは、鏡に映った像は他人の姿であると思っているが、１歳半から２歳にかけて自分であることに気づくようになる。このシーンで、鏡に映った顔のご飯粒をおもしろそうに見て、鏡に働きかけたとしたら、鏡に映る姿が自分だとは気づいていないことになる。しかし、真桜の場合、**自己意識が発達**し、鏡の中の人物が自分だと認知しているので、顔からご飯粒を拭って取ることができた。

② 自己意識の発達

１歳半を過ぎた頃から、自己について認識する**自己意識が発達**して、自分と他人をはっきり区別できるようになり、**第一次反抗期**（→ P.48）へ結びついていく。２歳前後になると、**自己意識**はさらに発達し、このシーンで真桜が、自分の顔にご飯粒がついていることに「恥ずかしさ」を感じているような照れや、羨望、共感といった感情も現れるようになる。さまざまな感情を通して、次第に自分の存在を確かなものとして受け止めていく。

パーテン（Parten,M.B.）の他者とのかかわり方による遊びの分類では、2～3歳頃は**一人遊び**が主流ですが、2歳半頃から、少しずつ周りの子どもが行っている行動にも興味を示すようになり**平行遊び**へと移行していきます。ただし、まだ一緒に遊ぶことはなく、同時にそれぞれが違う遊びをしている段階です（→ P.56）

③ 象徴遊び（ピアジェの認知の発達段階による遊びの分類 → P.57）

誕生から2歳くらいまでは、感覚や運動の機能を働かせること自体が楽しいような**機能的遊び**が多いが、次第に砂をご飯に見立てたり、テレビのヒーローの模倣をしたりする**象徴遊び**をして楽しめるようになる。それは姿が見えなくても、それについて思い起こすことができる**表象能力**や、あるものを別のもので表す**象徴機能**が発達してきたからである。**模倣遊び**ともいう。

④ 見立て遊び　⑤ ごっこ遊び

積み木を車に見立てたり、人形を赤ちゃんに見立てたり、物を何かに見立てて遊ぶのが**見立て遊び**、ヒーローや運転手になったり、お母さんになったり、自分が別の人物のふりをして遊ぶのを**ごっこ遊び**という。どちらも**象徴遊び**の一つ。

⑥ 延滞模倣（遅延模倣）

P.44 左上のコマで、テレビのヒーローごっこをしている男の子の様子を真桜が見ており、このシーンでは、真桜がそれを記憶に留めていて、後になって思い出して真似している。これは**延滞模倣（遅延模倣）**という、1 歳半頃からよく見られる行動である。

⑦ 所有意識

1 歳半～ 2 歳くらいから“自分のもの”という意識が発達する。この頃から、自分が遊んでいたおもちゃなどを他の子どもに取られると、取り合いになったりいざこざが多くなる。

2-2 2歳頃 第一次反抗期

① 粗大運動

走る、跳ぶ、蹴る、くぐる、のぼる、投げる、取る、つかむなど身体全体を使う運動のこと。走る、ボールを蹴るは１歳頃から、２歳前後でジャンプをしたり、片手でボールを投げたりできるようになる。また、粗大運動の発達に続いて見られるようになる、手で小さな物をつまむ、つかむ、取るのような動作を**微細運動**という。

第一次反抗期（②）とは、**自己意識の発達**（→ P.43）によって強烈な自己主張をするようになる時期のことです。自立の第一歩ともいえます。個人差はありますが２歳頃から３歳にかけて、たいていの子どもが通るプロセスです

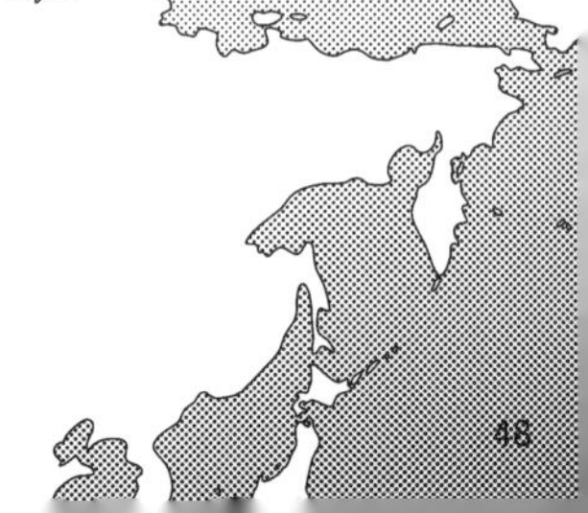

③ 自律性 対 恥・疑惑（エリクソンの8つの発達段階説 → P.15）

例えば靴をはくなど、自分でできるという自信がつくことで、自分の心身を制御する**自律性**を深める。しかし、失敗すると**恥ずかしい**気持ちになったり、「何でできないのか？」と自分を**疑う**気持ちになったりする。この時期は、「意思」という活力を獲得していく。

2-3　3～5歳　自己主張と自己抑制・心の理論

３歳頃から少しずつ、他者とかかわりを持ちながら遊ぶようになり、**平行遊び**（→P.56）から**連合遊び**（→P.57）、**協同遊び**（→P.57）へ進んでいきます。一方、**象徴遊び**（→P.57）も高度化します。お店屋さんごっこはその典型例です。自己意識がさらに発達し、遊びの中からがまんや悪いことをしたという罪悪感も学んでいきます

わたし
パン屋さんに
なりたーい

えー、わたしも
パン屋さんがいい

わたしが
先に言った！

ド
サッ
楓（かえで）ちゃん大丈夫？

友梨ちゃん
お友だちと仲よく
遊ぶお約束したよね

う…

自分をコントロールする行動のことを**自己制御行動**といい、**自己主張**と**自己抑制**の２つの要素から成り立っています

「自分がやりたい」と気持ちを前面に出すのが**自己主張**。この場合の友梨や楓がそうです

「ここは私ががまんしなきゃ」と気持ちを抑えるのが**自己抑制**。友梨にパン屋さん役をゆずった楓の行動です

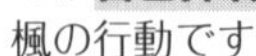

自己主張は３～４歳までに急激に発達し、**自己抑制**は３～６歳の間にゆっくり発達していきます。**自己抑制**が未発達の年齢では、仲間内でのトラブルも多く発生します。しかし、次第に**自己抑制**が発達し、**自己主張**と**自己抑制**のバランスを調整できるようになり、仲間関係が構築されていきます

① 自主性 対 罪悪感（エリクソンの８つの発達段階説 → P.15）

自分は「これをやりたい」という**自主性**が高まる一方で、それがうまくいかずに叱られたり、「そんなことをしてはダメ」と大人に行動を制限されたりすると「自分は悪い子」だという感情（**罪悪感**）を抱く。この時期は、「目的意識」という活力が獲得されていく。

② アニミズム

「バナナさんが『早く食べて』って言ってるよ」「おひさまが笑ってるよ」など、物や植物にも心があると考えること。また、お菓子の形の消しゴムを本物と思うなど、見かけに左右されることを**フェノメニズム**という。ピアジェは子どもの**アニミズム**に対して以下の４つの発達段階を示した。

段階１（6歳頃まで）……**すべてのものは生きていると判断する。**
段階２（6〜8歳頃）……**動くものはすべて生きていると判断する。**
段階３（8〜11歳頃）…**自力で動くものは生きていると判断する。**
段階４（11歳以降）……**生きていることを科学的知識をもとに考えられる。**

３〜４歳の子どもたちが、お絵描きすると太陽に顔を描いたりするのも**アニミズム**の現れ。

③ エピソード記憶

タルビング（Tulving,E.）が提唱した長期記憶の下位区分の一つ。「いつ、どこで、何をしたか」といった時と場所に関する記憶。3 歳頃からつくられ始めるといわれている。

④ 社会的役割の理解と獲得

4 歳から 5 歳頃になると、**連合遊び**（→ P.57）から役割分担が加わる**協同遊び**（→ P.57）になる。この時期は、他者の心の動きを推測する**心の理論**（→ P.55）が発達。「お友だちの○○ちゃんは、△△と思っている」といった考え方ができるようになり、遊びの中でも必要に応じてリーダーを決めたり、それぞれの役割**（社会的役割）**を考えたりすることができるようになる。このように子どもは、遊びを通じて社会性を理解、獲得していく。

心の理論（theory of mind）はプレマック（Premack,D.）らによるチンパンジーの研究に始まり、他者が自分とは違う信念を持っていることを理解する概念が研究されるようになりました。バロン＝コーエン（Baron-Cohen,S.）が考案した「**サリーとアンの課題**」などによって調べられています

サリー（真桜）とアン（友梨）が、部屋で一緒に遊んでいる

サリー（真桜）はボールを、かごの中に入れて部屋を出て行く

サリー（真桜）がいない間に、アン（友梨）がボールを別の箱の中に移す

サリー（真桜）が部屋に戻ってくる

このテストで、**心の理論**の発達が未熟な場合は「箱」と答えます。一般的に4歳半頃から5歳頃の子どもは、他者の心が推測できるようになり、この課題を通過できるようになります。また、心の理論は、年齢を追うごとに発達していくとされています。このページで説明した心の理論を**一次の心の理論**といい、さらに複雑な**二次の心の理論**もあります（→P.75）。
「**サリーとアンの課題**」のような、子どもが心の理論を持っているかどうかを検証する課題を**誤信念課題**といいます発達心理学では複数の心理学者が子どもの遊びについて独自に分類しています。ここではパーテンとピアジェによる遊びの分類を紹介します。子どもは遊びながら社会性を育んで、心を発達させていくことが分かります

●パーテンの遊びの分類（他者とのかかわり方で分類）

① 遊びに専念していない行動（0～2歳頃）
自分の体を動かす、座って興味あるものを見ている

② 一人遊び（2～3歳頃）
複数の子どもたちがいても、それぞれに遊び、お互いに関心は示さない

③ 傍観的行動（2歳半～3歳半頃）
他の子どもたちの遊びに関心を持ってじっと観察しているが、遊びには加わろうとしない

④ 平行遊び（2歳半～3歳半頃）
近くにいる子と同じ遊びをしているが、お互いに関心は示さない

＊パーテンの分類による年齢区分は1932年のデータです。あくまでも参考程度と考えてください。

⑤ 連合遊び（3〜4歳頃）

他の子とかかわりあいながら遊ぶが、役割分担はない

⑥ 協同遊び（4〜6歳以降）

他の子とかかわりあいながら遊べて、役割分担やルールを共有している

●ピアジェの遊びの分類（認知の発達段階による分類）

① 機能的遊び
（0〜2歳頃・感覚運動期 → P.13）

目的なく手足を動かす、物をつかむ、口に入れるなどの運動機能や感覚機能を用いる遊び

② 象徴遊び
（2〜7歳頃・前操作期 → P.13）

模倣遊びともいう。目に見えないものを思い浮かべて遊んだり、身近な人物になりきったり、イメージをともなう遊び。「ごっこ遊び」は象徴遊びの代表

③ ルール遊び
（7〜11歳頃・具体的操作期 → P.13）

複数の仲間とのやりとりの中で、ルールを守りながら楽しむ遊び。鬼ごっこやイス取りゲームなど

＊この他、心的機能で分類したビューラー（Bühler.C.）の「機能的遊び」「虚構遊び」「受容遊び」「構成遊び」がある。

Column 2

愛着形成についての実験
ハーローの愛着実験

発達心理学では、親子間の親密な絆は、常に栄養を与えてくれる養育者を乳児が選好することで構築されていくと考えられてきた。つまり、おなかが空いた、喉が渇いたという生理的欲求（一次的動因）に対して、親は愛情を持って子どもに接する。これが繰り返されることによって、乳児は生理的欲求だけではなく親の愛情への欲求（二次的動因）が強まり、情緒的な絆ができるという考え方である。

しかし、この二次的動因説は見直されることとなった。きっかけとなったのが、ハーロー（Harlow, H.F.）のアカゲザルを使った一連の実験結果である（1958年）。その実験とは、一方には針金で作った代理母、もう一方には柔らかな布で作った代理母を用意し、どちらの代理母にも哺乳瓶を取りつけ（あるいは片方のみに取りつけ）、乳児を育てられるようにし、その後、親ザルから隔離したアカゲザルの子どもたちをいくつかのグループに分け、順番に2種類の代理母と同じ部屋に入れて観察するというものだ。二次的動因説が正しければ、子ザルたちは授乳をしてくれるそれぞれの母親に平等に密着するはずであるが、どのグループも、たとえ哺乳瓶が取りつけられていない場合でも、大半の時間を心地よい布製の代理母と過ごした。

さらに、この部屋に恐怖心を起こさせるような動くクマのおもちゃを入れてみると、どのグループも迷わずに布製の代理母にしがみついた。しばらくすると、この布製代理母を安全基地として探索活動を行う子ザルたちの様子が観察された。

このことから、ただ栄養を与えてくれるだけではなく、接触することでもたらされる安心感が精神的安定の条件となり、その条件の下で、親や養育者との情緒的な絆が形成されていくことが示唆されたのである。

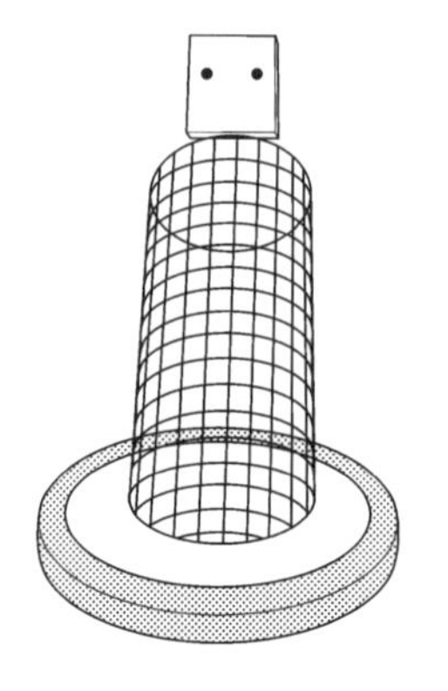

第3章

児童期（6～12歳）

3-1 6～7歳 自尊感情と社会的視点取得能力

① 共同注意

このシーンでは、よそ見をしていた子どもが、先生の言葉がけ（第三者からの働きかけ）によって、周りの子どもに合わせて歌を歌った。児童期になると、同時に同じ出来事や対象に注意を向けることができ、集団生活に適応できるようになる。

② 自尊感情（じそん）

自分は価値のある存在だという、自己評価から生まれる肯定的な感情。**自尊感情**が高いと、自分自身への満足感が高く、何か失敗しても自分を否定することなく前に進むことができる。幼少期から養育者などからほめられる経験をたくさん積んだ子どもほど、**自尊感情**が高くなる傾向がある。

③ 社会的視点取得能力（役割取得能力）

社会的視点取得能力のレベル１ **主観的役割取得**（→ P.139）。人はそれぞれ感じ方や考え方が違うということを理解しているので、真桜は自分は「楽しかった」けれども、風邪で休んでしまった早紀は「かわいそう」だと思っている。ただし、６歳頃は表情や言葉などの表面的な言動から感情を予測する傾向が強い。

④ 相互的接近

友人関係を成立させる要因を表す言葉の一つ。このシーンのように、幼児期から小学校低学年頃は、「保育園が一緒」「同じクラス」「家が近い」など、物理的に近い距離にいて、かかわりやすい（**相互的接近**）という理由で友人関係を成立させることが多い。しかし、小学校中学年にかけて次第に、「好き」「かわいい」「親切」など情緒的な志向から友だちを選ぶようになる。これを**同情愛着**という。さらに高学年になるにつれ、性格や意見が合う、成績がよいなど、内面的に共鳴できる、尊敬できる相手が友だち選びの基準となっていく。これを**尊敬共鳴**という。

ザワ
ザワ

学校は幼稚園や
保育園より
守らなくてはならない
規則やルールが多くなり
勉強も始まります
一生懸命勉強し
運動し、ルールを
守って仲よく
楽しく過ごしましょう

⑤ 小１プロブレム

幼稚園や保育園では、比較的自由にのびのびとした環境で過ごす子どもが多い。そのため、集団での学びを主体としている小学校に入ると、環境の違いにうまく順応できず、集団行動ができない、指示をされても座っていられない、先生の話を聞けないなど、学校生活に適応できない子どもが出る。これを**小１プロブレム**という。たいていの子どもは、数ヵ月で順応し、学校生活を支障なく送れるようになる。

ザー

うーん
分からないよ～

イライラしていたら
余計分からないよ
うーん

正輝
分からないときは
問題をもう一度
読んでみるといいよ
えっ？
問題？

箱が番号の順に並んでいます。何番と何番の箱が足りないですか？

ほら「番号の順に並んでいる」んだろ？
1 2 3 4 5 6
だからこれと一緒だよ

1 2 4 6
3 5
あ、なんだそんなことか
1と2と4と6が並んでいるから足りないのは3と5だ！

やったー！これで算数の宿題終わったぜ

今日ね雄輝が正輝に算数を教えていたの

⑥ ワーキングメモリ（working memory）

記憶は情報を一時的に保持する**短期記憶**と、半永久的に保持する**長期記憶**の２つに大きく分けられる。この**短期記憶**について、情報を短期に単に保持するだけではなく、同時に「処理」するシステムのことを**ワーキングメモリ**と呼んでいる。

3-2 7～8歳 公正観の発達

① 時間概念の発達

幼児期は「おはようって言った、遊んだ、くつしたはいた……」など、自分の行為を時間に関係なく個々に羅列して言うだけだったのが、児童期に入ると次第に時間軸に沿って過去、現在、未来を整理して説明したり行動したりできるようになる。ここでは真桜は、「金曜日に遠足だから木曜日までにおやつを準備しなければならない→木曜日以前に母が早く帰れる日は水曜日→水曜日に行くことを前日に提案」と、時間軸に沿って現在と未来を結びつけて自分がするべき行動を考えている。

えっと
お友だちと交換する
おやつは何にしよう
あっ
チョコレートは
必ずね!!

友だちとおやつを
交換するの？
そう
みんなで分けっこ
しよって約束したの

じゃ、ケンカに
ならないように
しないとね

7時から『ララガール』の
アニメが始まっちゃう
早くしないと
Packy

ワイ
ワイ

みなさん！右の窓に見えてきたのがこれから渡る「めがね橋」です
橋を横から見るとめがねのような形をしているのが分かりますか？

ガヤ
ガヤ
それでさー

みなさん！バスガイドさんがお話ししていますよ。きちんと聞きましょう
はーーい

ワー
ホントめがねの形してるー
大きいねー

ワイ
ワイ

お弁当
食べ終わったから
おやつにしようよ!

わたし
チョコクッキー持って
きたからあげるね
ありがとう

私もポテチ
あげるね
ポテトチップス

いちごキャンディを
どうぞ!

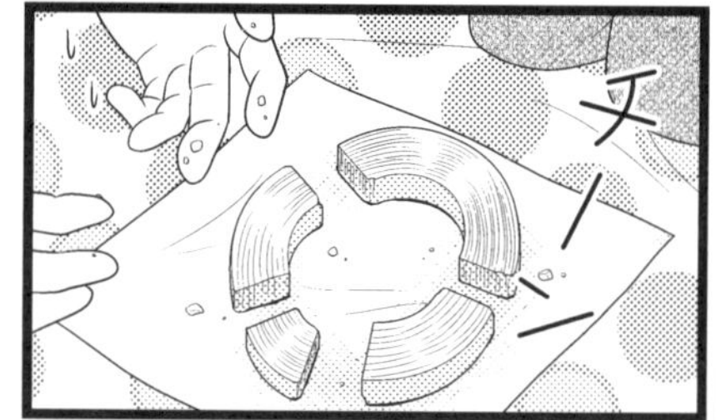

② 公正観

分配などの場面で、量や順番をめぐってみんなが満足するにはどうすればいいか考えること。また物事の公平さや正義についての考え方。幼児期では、親や先生が決めたことなら仕方がないと思っていたことも、児童期以降になると、**公正観**が大きく変化し、自分を含め、みんなの意見が反映されているか、だれかが一方的に得をしたり損をしたりすることがないかを考えられるようになる。

デーモン（Damon,W.）と渡辺弥生（1992）は4～8歳の子どもをインタビューすることで**公正観の発達段階**を見出しました

段階1　ただ自分の欲求を主張する。（4歳以下）

段階2　外見的な特徴や性などを理由にして主張する。（4～5歳）

段階3　どのような状況であっても、みんな同じであるべきと主張する。（5～6歳）

段階4　行動や努力の違いによって分配するべきと主張する。（7～8歳）

段階5　必要性やそこにいる存在を考えて分配するべきと主張する。（8歳～）

4～5歳は、自分の欲求をもとに正当化しようとする利己的な段階で、5～6歳は「みんな同じ」という絶対的平等を公平と考えます。7～8歳になると貢献度や能力などの状況要因を踏まえて判断できるようになり、さらに年齢が上がると、必要性や価値観、平等とは何かなどという抽象的な思考のもとに公正さを考えるようになります。ただし、こうした**公正観**は、教育や文化の影響を受けます。例えば、アメリカの子どもに比べると、日本の子どもは「同じがいい」という均等を主張する割合が高い傾向にあります

3-3 8～9歳 二次の心の理論の発達

心の理論は年齢に応じて発達していく段階があります。幼児期は「Aさんは○○と思っている」と、自分の頭の中で相手が思っていることを推測できるようになる**一次の心の理論の発達**でした（→P.55）。児童期になると「Aさんは『Bさんは○○と思っている』と思っている」というように、今度は自分の頭の中で入れ子になった他者がもう一人の他者をどう思っているかを想像できるようになります。これを**二次の心の理論の発達**といいます

●一次の心の理論の発達（4～5歳）

真桜は「正輝（A）が反省している」と思っています

●二次の心の理論の発達（8～9歳）

真桜は「おじいちゃん（A）は正輝（B）が反省していると思っている」と思っています

正輝は「おばあちゃん（A）はおじいちゃん（B）が怒るのではないかと思っている」と思っています

心が成熟していくほど、頭の中の吹き出しを何重にも重ねて考えることができるようになっていきます。推理小説をおもしろいと思って読んでいる人は、吹き出しを作るのが上手な人といえます

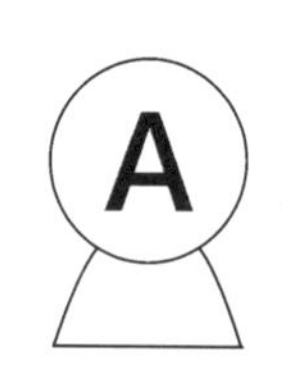

C さんは D さんを犯人と思っていると B さんが思っていることを A さんは知っている

①社会的表示規則（ソーシャルディスプレイルール）

児童期になると、社会や文化に合わせて、ある状況ではどのような感情を表出すべきか、すべきでないかという自分の中のルールを身につけるようになる。これを**社会的表示規則**と呼ぶ。例えば、がっかりするようなプレゼントをもらったときでも笑顔で「ありがとう」と言ったり、あまりうまくない絵を「上手だね」とほめたりするようになる。こういう思いやりの嘘（ホワイト・ライ）は、相手を傷つけないための**向社会的行動**（他人や社会のために外的報酬を期待することなしに役に立とうとする行為）とも考えられる。**二次の心の理論**の発達（→ P.75）とも関連しているといわれている。

②空間的視点取得能力

対象が他者からはどう見えるのかを理解することを視点取得といい、知覚的に理解する能力を**空間的視点取得能力**という。正輝は、公園についたときにどこでサッカーをすれば一番安全かを、心の中でさまざまな地点に立ってシミュレーションし、一番安全だと判断した場所を選んだ。このような状況判断ができるのは、**空間的視点取得能力**が、他者の立場や気持ちを理解する**社会的視点取得能力**（レベル２→P.101、P.139）と関係しているからといわれている。

ピアジェによる**「3つの山」問題**は、この**空間的視点取得能力**を調べるための実験として有名です。A（自分の視点）、B、C、Dの位置から見た3つの山を正しく想像することができるかどうかを調べるものです

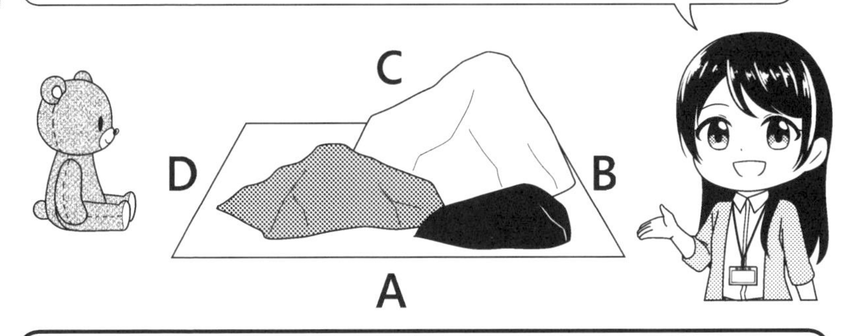

4～5歳の子どもは、自分の視点と他の人の視点が区別できていないため、自分から見るままが人形からも見えているものとして答えます

7歳頃から、自分が見えているものと、他の人が見えているものが違うことに気づくようになります

9歳を過ぎると、自分の視点と他の人の視点が区別できて、自分とは違う景色を人形は見ていることが分かります

3-4　9〜10歳　保存概念の発達と責任判断

① 保存概念の発達

ピアジェの発達段階説によると、**前操作期**（2〜7歳頃）（→ P.13）の子どもは、見た目に引きずられるため、例えば、背の低いコップよりも、細長いコップに入った量のほうを多く感じてしまう。「ストローを曲げても長さは同じ」「並べたおはじきの間隔を広げて置いても数は同じ」というような、見かけが変化しても量は変化しないという**保存概念**が未発達だからである。**具体的操作期**（7〜11歳頃）（→ P.13）になると、**保存概念**を獲得するようになるが、最初に数の保存、次に長さや重さ、9〜10歳を過ぎたあたりから面積や体積の保存の理解ができるようになる。こうした同じ保存という概念の中でも獲得時期にズレが生ずることを**水平的デカラージュ**という。

直哉
わがまま言わないで

じゃ、こっち
飲んだら?
持ちにくいから
気をつけて

やさしい
お兄ちゃんね

つるっ
ガッ
あっ!
バシャ

祐哉
ダメじゃない
気をつけないと!

ごめんなさい
いじ
いじ

客観的責任判断

ピアジェは、**道徳性**（→ P.102）の発達段階において、幼児期は他者の意図や動機を考えるのは難しく、行動の結果をもとに善悪を判断する**客観的責任判断**の傾向が強いとし、嘘や盗み、過失といった場面での幼児の善悪の判断を調べる調査を実施しました。その結果、幼児期は、故意ではないのにたくさんコップを割った子どものほうが、遊んでいてコップを１つだけ割った子どもよりも悪いと判断する傾向が高く、また、手伝おうとしてインク瓶を倒した子どもと、遊んでいてインク瓶を倒した子どもでは、より大きなシミを作ったほうが悪いと判断する傾向が見られました

ジュースのほうがいっぱいこぼれたから、お兄ちゃんのほうが悪い！　お母さんもお兄ちゃんのほうを強くしかっていたもん

主観的責任判断

10 歳頃になると、他者の意図や動機を推測できるようになり、善悪の判断において、他者の視点を重視するようになります。これを**主観的責任判断**といいます。自己中心的な思考から**脱中心化**し他者の視点に立っていくことや、他律的な判断から自律的な判断ができるようになることと関連していると考えられます

祐哉はわがままをいう直哉にジュースを渡そうとしてこぼしてしまったの。いたずらしてこぼした直哉のほうが悪い！

ただし、この２つの判断は個人差もあり、社会全体がどちらの責任概念を選択しているかにもかかわってきます。大人は量とか被害の大きさで叱ってしまいがちですが、理由や意欲を考えてあげることが大切です

3-5 10～11歳 自己決定感とメタ認知能力

① 社会的比較

他者と自分を比較すること。自分よりも優れた人と比較をして、うらやましいと思ったり、逆にねたましいと思ったりするのが**上方比較**、劣った人と比較をして、自分を誇りに思ったり、逆にその人をかわいそうと思ったりするのが**下方比較**である。ここでは真桜は才色兼備の同級生と**上方比較**をし、うらやましいと思っている。他者との比較をしたうえで自己評価ができるようになるのは、認知機能が発達する 10 歳頃からと考えられている。

② 自己決定感

「自分でそのことを決めたからやる」という感情で、やる気の高さ（モチベーション）につながる感情の一つ。10歳くらいになると、自分で決めてやりたいという感情が強くなる。親が先回りして「もっと勉強しなさい」「部屋を片づけなさい」などと言ってしまうと、「今、やろうと思ったのに」と一気にやる気を失ってしまうのも、この感情の特徴である。

やる気の高さにつながる感情として、**自己決定感**の他にも、「自分はやればできる」という**自己効力感**、「自分にはその能力がある」という**自己肯定感**があります。これらは**内発的動機づけ**（→ P.95）とも結びついています。内発的動機づけ理論の研究をした心理学者ド・シャーム（deCharms,R.）は、理論の説明をチェスにたとえ、**指し手と駒**という言葉を用いました。指し手は、自分で駒を打つ場所を自己決定して主体的に行動することから、指し手感覚が高い人は**内発的動機づけ**が強いと考え、駒のように動かされるだけで自ら動こうとせず、周囲に文句ばかり言う人は駒感覚が強く、**内発的動機づけ**が弱いと考えました

日本では
将棋にも
たとえられて
います

③ 勤勉性 対 劣等感（エリクソンの８つの発達段階説→ P.15）

真桜は、ドッジボールのメンバーに選ばれて、周囲から認めてもらいたいという強い思いがあったが、背が低いという**劣等感**を抱えていた。しかし、父親に励まされ懸命に練習して自信をつけた。これでメンバーに選ばれれば、劣等感を克服し**勤勉性**を獲得でき「自分は有能である」という活力を得る。しかし、メンバーに選ばれなかった場合は自信をなくし、さらに**劣等感**に陥る可能性もある。

うーん
なんで間違え
ちゃったんだろう
ガチャ
えー
えー?

小数点の
掛け算?

算数テスト
うん?
計算はできている
気がする

たしかに
惜しいなあ
正輝
小数点の位置
あっている?
あ、本当だ
小数点の位置が
違う!

④ メタ認知能力

「メタ」は「高次」という意味で、**メタ認知能力**は、より高い次元から自分を認知する能力のこと。10歳頃になると自分が考えたこと、行動したこと、見たことなどから、自分を客観的に認知する**メタ認知能力**が発達してくる。このシーンで正輝は、「小数点の計算は間違いやすい」という**課題についての知識**を認知し、さらに「今度からはもう一度見直して元の数と比べればいい」という**方略についての知識**も認知している（→ P.90)。**脱中心化**（→ P.83）が図られた結果、他者だけでなく、自己の視点を相対化できるようになったともいえる。

メタ認知能力によって得た知識を**メタ認知的知識**、メタ認知的知識にもとづいて行われる行動を**メタ認知的行動**といいます。

メタ認知的知識は「人間についての知識」「課題についての知識」「方略についての知識」の３つがあると考えられています

【人間についての知識】
自分自身や他人、「勉強すれば頭がよくなる」など人についての知識

【課題についての知識】
「小数点の計算はミスが起きやすい」「朝、勉強したことは忘れにくい」といった課題の性質に関する知識

【方略についての知識】
目的に応じた効果的な対策や、いつ、なぜ、それをするのかといった知識

メタ認知的行動には**モニタリング**と**コントロール**があり、双方が補完し、影響しあって働いていると考えられています。これらは学習や社会的活動を行ううえでとても重要です

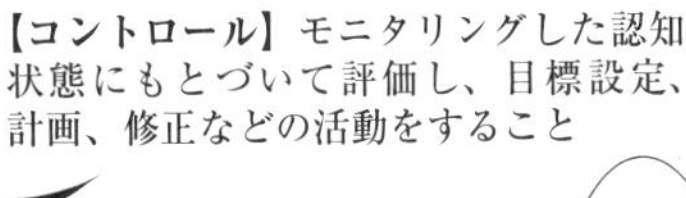

3-6 10～12歳 動機づけ

ぜーんぜん
ゲームしてばかりだし
勉強も難しくなって
きたって

うちも。
学校の勉強に
ついていけないから
塾に行かせたら
塾の勉強にもついて
いけてないみたいなの

5年生に
上がったんだもの。
急に勉強も
難しくなるのよ
だから
予習や復習は
やらないと

私だって
がんばっている
でも
涼香や葵みたいに
元々頭のいい人には
かなわないもん
なら
塾に行かせて

塾に行けば
成績が上がるという
ものではないのよ

賞罰を受けたり、親や先生に言われたりしたから行動することを**外発的動機づけ**による行動といい、ご褒美をもらえるからでもなく、親や先生に言われたからでもなく、自分がしたいから行動することを**内発的動機づけ**による行動といいます

外発的動機づけ

「叱られるから」とか「ほめてもらえるから」という「やらされている感」があると、長続きしません

内発的動機づけ

外発的動機づけと**内発的動機づけ**は、従来は対立するものととらえられていました。しかし、アメリカの心理学者デシ（Deci,E.L.）とライアン（Ryan,R.M.）は、この２つは**自律性**（→P.15）の低い状態と高い状態を結ぶ１本の帯上にあるものと提唱。例えば、お小遣いをもらえるからという**外発的動機づけ**によって勉強していた子が成績が上がり、勉強は自分のためになると気づき、お小遣いをもらわなくても自分で勉強するようになる（**内発的動機づけ**に移行）などです

おばさん
こんにちは!
たたっ

母さん
俺、次の試合の
スタメンだよ

よーし
がんばるぞー!!
いいわねえ
正輝君は
打ち込むものが
あって
うちはサッカーに
関してだけは
内発的動機づけ
バッチリなのよね

でも、この前までは
毎回スタメン落ちして
落ち込んじゃって
たいへんだったのよ
どよん…

常にスタメンって
難しいわよね
運不運もあるし、
努力しても報われない
ときもあるからね ①

① 原因帰属理論（→ P.97）

原因帰属理論とは、ある行為によってある結果がもたらされた際に、その原因を何に求める（帰属する）かによって、その後の**動機づけ**のありように影響を与えるという考えのことです。こうした**動機づけ**の研究は、たいていが10歳以降を対象に行っています。それは、自分の失敗を**メタ認知**（→ P.89）し、どこに原因があるかなどを考える思考が、この時期からできることと関連しているからです。
下記はワイナー（Weiner,B.）の提唱による、4つの原因帰属のスタイルです。正輝が過去にスタメン落ちしたときの例に置き換えてみました

	自分が原因	自分以外が原因
変化しやすい原因	努力（練習）❶	運（天候、病気など）❸
変化しにくい原因	能力❷	課題の難易度❹

❶自分の努力（練習）が足りなかったと考える

❷自分の能力がなかったと考える

❸たまたま運が悪かったと考える

❹監督が設定した課題の難易度が高すぎると考える

正輝の場合は、❶の自分の努力が足りないと考え（**モニタリング→ P.91**）、練習に励みました（**コントロール→ P.91**）。そして、今回はスタメンに選ばれるという結果に結びついたのです。しかし、❷のように、能力のせいにしてしまうと努力しても報われないと考え、やる気を失ってしまう可能性もありました。そのため「がんばれ」と励まされても失敗経験が続くと、「やはり、能力がないんだ」という捉え方が強くなり、**学習性無力感**（何をするのも無意味と感じ、その状況から脱する努力を行わなくなること）に陥ることもあります。
「努力すればできる！」という前向きな動機づけ❶の考え方ができるようになるためには、周りの大人たちが日頃から単に「がんばればできる」という声かけだけでなく、常に成功体験を与え、**自己肯定感**（→ P.86）を持たせておくことが重要です

3-7 10～12歳 社会化と道徳性

① 重要な他者

日常生活を送るうえで、精神的な面で与える影響が大きい他者を**重要な他者**という。人は成長とともに、親から友人へ、そしてさらに広がりのある**重要な他者**を得て、人間関係を築きあげていく。児童期は、**重要な他者**が親から友人へ移行する時期にあると考えられている。ただし、親が自分に注意を払っているかには常に関心がある。

さっき練習中に
おまえに脚を
蹴られたんだ
ほら
こんなアザに
なっている

えっ？
ぜんぜん気が
つかなかった
悪い！
ムッ

ホントに気が
つかなかったのかよ
ブツ
ブツ
次の試合
俺だけスタメン
入りしたからじゃ
ないのか？

正輝、勝は
気がつかなかった
って言っているし
謝ったんだから
許してやれよ

うーん…

② 徒党集団（ギャンググループ）

児童中期から後期にかけて見られる特徴的な仲間関係のこと。またその時期のことを**ギャングエイジ**という。**徒党集団**は、同性の同年齢児で構成されることが多く、排他性、閉鎖性が強い。そのため、仲間から受け入れられるために必然的に**ソーシャルスキル**（社会の中で他人とかかわりあいながら生きていくために必要とされる能力）が身についていく。ただし、少子化が進み、遊びもゲームなどの一人遊びが増えた現代では見られなくなりつつある。近年は、同じ場所にいてもそれぞれが別のゲームをするなどの、幼児期に見られた**平行遊び**（→ P.56）のような現象が増えている。

③ 社会化

所属する集団に適合した行動様式を身につける過程を**社会化**という。仲間関係は自己抑制の働かせ方、言葉づかいや人と接するときの態度など社会化への育成機関のような役割も持っている。しかし実際に**社会化**への育成機関を担うのは親が中心になるといわれている。

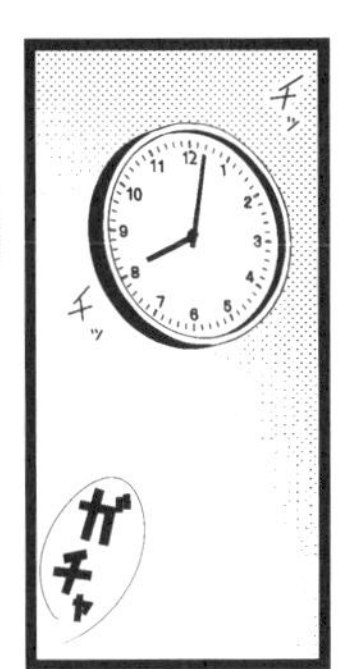

④ 社会的視点取得能力（役割取得能力）

社会的視点取得能力のレベル2 **二人称相応的役割取得**（→ P.139）。正輝は誘ってくれた裕人や勝の気持ちを察し、自分が断ったら、どのような思いを相手にさせるかを推測し、仲間と過ごす時間を選択した。**社会的視点取得能力**が発達することによって、仲間と円滑な関係を築き、維持することができるようになったと考えられる。ただし、この時期は、道徳的な価値が複数絡むような状況、例えば、友情か親との約束か、といった複数の価値のプライオリティ（優先順位）が分からず葛藤を抱えやすい。

発達心理学では、感情、判断、行動が道徳的であることを**道徳性**が高いといいます。ピアジェは認知の視点に焦点を当て**道徳性**にも発達段階があるとし、10歳の頃に一つの節目があると考えました

他律的道徳性

大人が決めたこと、大人に言われたことは絶対に変えられないという考え方を**他律的道徳性**といいます

自律的道徳性

大人の考えが絶対的に正しいと考えていたのが、10歳頃になると次第に仲間との合意で決めるといった柔軟な思考（**自律的道徳性**）が身につきます。ただし、仲間に嫌われたくないという思いから**同調行動**（→P.114）も強まる時期で、道徳的ではなく、単純に逆らえないという場合もあるため、善悪の判断や実際に問題を解決する手段、行動については、親や年長者がしっかりと教えていく必要があります

このシーンでは、門限を破った子どもに対する親の養育態度が描かれています。バウムリンド（Baumrind,D.）は、**応答性**と**統制**という言葉を用いて親の養育態度を分類しました。**応答性**とは、養育者と子どものコミュニケーションから成り立つもので、子どもの意見を聞き、感情を受容し、個性や能力を育成しようとする養育態度のことです。**統制**とは、子どもにとってよいと思える行動を決定したり強制したりする養育態度のことです。
バウムリンドは、この２つの側面から、親の養育態度をさらに３つに分類しました。門限を破った子どもに対する親の態度を例に解説します

❶ 応答性、統制ともに高い→権威がある親（毅然（きぜん）とした親）

育児方針に一貫性があり、子どもに対して必要な要求もするが、子どもの意見や決定を尊重する態度をとる。子どもに安心感を抱かせるようなかかわり方をする親

❷ 統制が高く、応答性は低い→権威主義の親

子どもの意見や決定を尊重することなく、親の思うように子どもをコントロールしようとする親。独断的で子どもとの会話は不要だと思っている

❸ 統制が低く、応答性は高い→許容的な親

子どもの意見や決定をなんでも受け入れて甘やかす親。親として自信がない場合が多く、子どもにやらせるべきことをやらせず、社会のルールもあまり教えようとしない

権威がある親のもとで育った子どもは、よい意味で**社会化**(→P.100) された存在になる傾向が強いといわれています。**権威主義の親**のもとで育った子どもは、**自尊感情** (→P.60) が低くなる傾向があります。**許容的な親**のもとで育った子どもは、親への依存が長引く場合があります

マッコビー（Maccoby,E.E.）とマーティン（Martin,J.A.）は、バウムリンドが提起した３つの養育態度に、「応答性、統制ともに低い親」を加えました

❹ 応答性、統制ともに低い→放任・無視・無関心な親
最低限の衣食住は提供するが、子どもの行動や感情に無関心で、子どもへの要求もない代わりに社会のルールなどを教えることもない

Column 3

誘惑への抵抗
マシュマロ・テスト

幼児が自分の欲求や感情をどれくらい自身で調整できるかという**自己調整機能**（self-regulation）の発達が研究されてきた。特にミシェル（Mischel,W.）らのマシュマロを用いたテストが有名である。

魅力的なお菓子が置かれている部屋に幼児を一人で残す状況を設定し、お菓子を食べずに待てるかどうか、その様子を観察するという実験である。「今から私は部屋から離れます。15分後に戻ってくるけど、それまでにこのマシュマロを食べるのをがまんできたらもう1個あげます」といった教示がなされる。この実験から明らかになったことが2つある。

1つめは、その場の誘惑に負けずに禁じられた行動を抑え目標を達成する力、「誘惑への抵抗（resistance to temptation）」の方略の発達である。4歳頃まではこうした誘惑に抵抗することが難しく、欲求を抑えきれずにマシュマロを食べてしまうことが少なくない。しかし、6歳頃になると、例えば誘惑物に注意を向けないようにするといった「目そらし作戦」や、誘惑物から注意をそらすために「食べちゃダメ」といった自身へ言語化する方法を活用して、食べずに待つことができるようになる。

2つめは、「満足の遅延（delayed gratification）」といった忍耐力の発達である。テストでは、その場の欲求を抑えて、より価値の高い目標を追求するために、どれだけ満足を先延ばしにすることができるかという意志の力も測られた。マシュマロをすぐに食べないで先延ばしにした時間の長かった子どもは、成長後に、学業的にも社会的にも成功していたのである。

こうした実験結果を鑑（かんが）みて、目標のために感情、思考、行動を制御する**実行機能**の発達が、人の成長過程においては重要と指摘されており、**実行機能**を発達させる教育支援のあり方が検討されている。

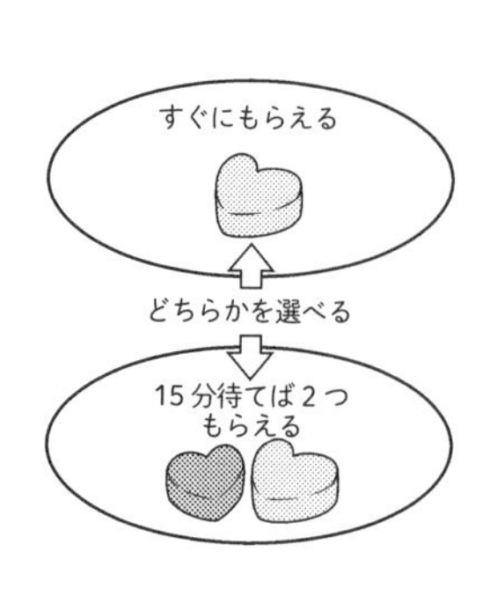

第4章

青年期（前期〜中期　13〜18歳頃）

4-1 13歳頃 青年期の自己中心性

① 中1ギャップ

中学入学後、不安や抑うつを抱えること。子どもの心身の発達と入学時期が合わない、小学校の学級担任制から中学校の教科担任制へ学校制度が大きく変わるなど原因はさまざま。いじめや不登校などが増加するきっかけの一つになるともいわれている。ただし、小学生の段階から問題は始まっており、それが顕在化するのが中学生になってからだと指摘する研究者もいる。

これ、高橋先生から頼まれたプリント
プリントの下に学校の電話番号があるでしょ
無理しなくていいけれどもし何かあったら連絡してくださいって

加奈ちゃんの気持ち分かる
私もまだ中学校になじめてないもん
教科ごとに先生が代わって嫌な先生もいるし……

それって数学の××先生?
そう!

えっ⁉ 美咲ちゃんもそう思ってたんだ~
あっ私も!

なんかちょっと眼鏡の奥の目が冷たい感じだよね
アハハ
そうそう

② 想像上の観衆（imaginary audience）

顔に小さなニキビができると、みんながそれを見て笑っているように思ったり、口臭を気にしてみんなが不快に感じていると思い込んだり、他の人に見られているという意識が過剰に強くなっている心の状態のこと。**青年期の自己中心性**の重要な側面の一つ。

幼児期の**自己中心性**は、他者の立場に立てていないことを示していましたが、**青年期の自己中心性**は、他者の立場に立って物事を考えられるようになったことで生じるといわれています。**想像上の観衆**のほか、自分の存在や自分の考え方は特別だと思う**個人的寓話**があります

【想像上の観衆】

【個人的寓話（personal fable）】
自分は多くの人にとって重要な存在だと信じる傾向が強くなり、そのことから、自分は特別な存在だと思ったり、自分の考えは独創的だと思うことです。例えば、自分が経験している恋愛の苦しさは、自分独自のことで他のだれも経験し得ないものであるという考え方です。これが大人になるにつれ、恋愛の苦しさは、みな同じようなものという考え方に変わっていきます。

青年期の自己中心性は、青年期の子どもにはだれにでもあるものです。心が成熟する18歳頃には、次第に収束していくといわれています

児童期後半の10歳から青年期中期の18歳頃までは、子どもから大人への心身の移行期です。女性は初潮、乳房の発達、体毛の発達、骨盤や臀部の発達、皮下脂肪の増大があげられ、男性は精通、変声、ひげや体毛の発達、筋肉の増大などがあげられます。これらの身体的成熟とそれにともなう精神的変化を合わせて**第二次性徴**（**第一次性徴**は胎児期に生殖器官が形成されること）といいます。
また、この第二次性徴の現れが世代を新たにするにつれて早くなっていることを**成熟前傾現象**、身長体重などの量的側面の成長が加速していることを**成長加速現象**といい、これらを合わせて**発達加速現象**と呼びます。生活の近代化や都市化による生活様式の変化などが原因と考えられています

③ やせ願望

第二次性徴は体重増加をともなう体の変化であるため、特に女子は自分の体型にとまどいを持つことが多い。それは、やせている女性を理想としてきた社会的な風潮があることも原因の一つであるといわれている。自分の体型を否定的にとらえるため**自尊感情**（→ P.60）の低下を招き、低くなった**自尊感情**を高めようとするために**やせ願望**が強くなるという考え方もある。最近は、男子もビジュアルや体型を気にする人が増え、**やせ願望**が高まっている。

④ 第二次反抗期

自我が強くなり、大人からの意見や指図を素直に受け入れることができず、また過度に干渉されていると感じ、反抗という態度に現れる時期のこと。精神発達の一過程といわれている。多くは12～15歳に迎える。また、児童期から青年期にかけて親への精神的な依存から離れることを、ホリングワース（Hollingworth,L.S.）は**心理的離乳**と呼んだ。

⑤メタ認知能力（→ P.89）

4-2　13～14歳　共感性と自己嫌悪感

① 承認欲求

自尊心を高めようとする感情や、他者からの尊敬を求める感情を**承認欲求**という。真桜は、自分の外見について友だちの評価が気になり、母親に同意を求めている。青年期においては、他者から批判されることを怖れて、自分の自然な気持ちや欲求を必要以上に抑えて、周囲へ同調する行動も多く見られる。特に、女子はトイレにみんなで行く、みんなで同じ物を買うなどの**同調行動**により、嫌われることを回避しようとするところがある。青年期においては、ある程度の**承認欲求**が満たされることが、**自尊感情**（→ P.60）を維持するうえで、あるいは高めるうえで重要といわれている。

② チャムグループ

サリヴァンが提唱した青年期初期の頃の仲よしグループのこと。共通の趣味や関心事を持っていることが多く、お互いが同じ価値観や感情でいることを常に確認しあうことで一体感を得て、結びつきを維持しようとする。

全日本中学校サッカー大会

ワー
ワー

ザザザッ
ガッ

ピピー
ペナルティキック!!

ワアアアア
ピー
1-0で東大和学園中学の勝ち

③ 共感性

共感性とは、他のだれかが体験している感情をその人の立場に立って理解し、感じること。例えばその人が苦痛に感じているのを見て「かわいそう」「心配だ」などと思ったり言ったりすること。**社会的視点取得能力（役割取得能力）**（レベル３**三人称役割取得**→ P.139）の発達とも関連している。青年期の共感性は次のように多次元的な尺度で測れるという研究がある。

❶**共感的配慮**／他者の不運な感情体験に自分も同じような気持ちになる。
❷**個人的苦痛**／他者の苦痛に対して自分が感じる不安や苦痛。
❸**想像性**／小説や映画などに登場する架空の他者への感情移入。
❹**視点取得**／他者の気持ちや状況を想像する。　「対人反応性指標」（Davis,M.H.1980,1983）より

山本キャプテンは自己嫌悪感にかられている正輝を見て、「俺もああしたよ」と言った。相手の心に共感する❶**共感的配慮**といえる。

④ 自己嫌悪感

自分自身のことを嫌だと感じること。青年期は他者との関係や社会の規則に対して敏感になる時期でもあるため、ちょっとした落ち度でも自己嫌悪感にかられやすくなる。

よっ！
よっ！

自主練？
まぁな

焼き芋食べる？

ありがとう！
腹ペコだったんだ

昨日
残念だったね

⑤ 対人認知　⑥ 評価懸念（ひょうかけねん）

対人認知とは、他者の見た目や態度、行動などを手がかりに、その人の内面を推測すること。**対人知覚**ともいう。青年期に入るとこの**対人認知**能力が発達するが、それと同時に自分が他者からどのように評価されているのかを怖れるようになる。これを**評価懸念**という。真桜は、正輝がサッカーに打ち込んでいる姿を見て、目標に向かって努力できる人だと感じている。その一方で他人から自分は評価されていないと思い、自分に自信が持てないでいる。

俺だって
小学校の頃はサッカー
すごい下手だったの
知ってるだろ？
6年生になってもベンチにさえ入れないことも多くて劣等感のかたまりだったんだよ

でも
中2からスタメン入りして
来年はキャプテンじゃない！

だから、とにかく
実力がないものは
練習しかないと思って
中学入ってから
毎日、こうして
自主練してきたんだ

あんた、意外と
えらかったんだね
それでも
昨日のざまだよ

おまえさぁ
ダイエットなんか
しなくても
ぜんぜん太って
ないじゃないか
太っているよ
十分
来年は高校受験
だっていうのに
何もないまま
どんどん大人になって
いっちゃうような
気がして……
私も高校入ったら
正輝みたいに
夢中になれるもの
見つけたい

正輝は６年生のときにベンチにも入れないというストレスを、**コーピング（coping）**することで解消方法を見出して乗り越えました。**コーピング**とは、ストレスの元になる状況や問題に対して、自分なりに何らかの対処行動をとり、ストレスを適切にコントロールすること、あるいはそのプロセス全体のことをいいます。青年期に入ると、対人関係の広がりからストレスを感じることが多くなりますが、ストレスとなっている物事に対して、肯定的に解釈したり、内省したり、周囲に相談するなどして、問題解決を図るコーピングができるようになります

コーピングには主に以下の３つの行動（**コーピング方略**）があります

正輝のストレス
＝
サッカーの実力不足で
ベンチ入りができない

●ポジティブコーピング
ストレスになっている物事に対して積極的に改善していこうとする行動

●ネガティブコーピング
ストレスになっている物事に対して積極的に放棄したり壊したりする行動

●解決先送りコーピング
ストレスになっている物事に対して具体的に対処しないで、問題を先送りにする行動

正輝は、結果的に**ポジティブコーピング**を選んでいますが、どのコーピングを選んでストレスのない状態に導くかは、ストレスの内容や状況、また年齢や性差によっても異なり、一概に言えません。コーピングの種類を知り、状況に応じて適切なコーピングができるようになることが望ましいといわれています

4-3 15～16歳 自己開示とジョハリの窓

✎① ノンバーバルコミュニケーション（non-verbal communication）

ボーイフレンドが真桜の態度を見て「怒ってるの？」と聞いているシーンは、会話や文字のやりとりをしないで、表情や口調、態度など言葉以外の情報で他者の心を読み解くコミュニケーションで**ノンバーバルコミュニケーション**（非言語コミュニケーション）という。LINEなどのSNSは表情や口調、態度が分からず、直接の会話もない文字のみのコミュニケーションである。そのため、文字は介していても表情や声、仕草などのノンバーバル（非言語）な手がかりがないために、相手の気持ちを想像することが難しい。したがって、SNSによるコミュニケーションに偏ると、互いの間で不安や疑心暗鬼が生じるなど、安定した対人関係が築きにくいといわれている。

それであいつ
私を置いて
一人でカラオケ
行ったんだよ
ありえない!

先月までは
ラブラブだった
じゃない
うう…

いろいろな面が
見えてきて
ちょっと違うかなって
思い始めている
ハァー
私のことを
全力で思ってくれて
いないんだなって

そんなやつ
早くふって
次に行こう!

② 自己開示

自分自身のことを相手に公開することで、親密な人間関係を築くために必要な行為。青年期は、親よりも友人関係から影響を受けることが以前にも増して大きくなっている。**自己開示**をしあうことで友情を深め、友情を通して自己理解を深めていくといわれる。

③ ヤマアラシのジレンマ（レオポルド・ベラック Leopold,B.）

愛し合う２匹のヤマアラシが抱きしめ合おうとすると互いの針で刺し合って痛い思いをしてしまうことから、お互いの針が刺さらないように適度な距離感を見出したというたとえからきている言葉。親密につきあいたいと思うほど、欲求や期待がぶつかってジレンマに陥ることをいう。主に親子、夫婦、恋人、きょうだい、親友などとの間で起こりやすい。

自己開示には４つの領域があります。ジョセフ・ルフト（Joseph,L.）とハリー・インガム（Harry,I.）が提唱した概念で、**ジョハリの窓**といわれています。ジョハリとは、ジョセフとハリーを合わせた言葉です

自分＝真桜

他者＝涼香

（自分）知っている ／ 知らない

（他者）知っている ／ 知らない

【開放領域】自分も知っていて、相手も知っている

真桜はダイエットしている

【盲点領域】自分は知らないが相手は知っている

真桜はショートヘアが似合う

【隠蔽（いんぺい）領域】自分は知っているが相手は知らない

知っている　知らない

真桜は恋をしている

【未知領域】自分も相手も知らない

真桜にはリーダーシップがある

隠蔽領域と**盲点領域**を少なくしていくと友情を深めることができます。**隠蔽領域**を少なくするには自己開示をすること、**盲点領域**を少なくするには、相手の話に耳を傾けることが大切となります

児童期から青年期にかけての女子は、親密性が深まると過剰に**自己開示**する傾向にあり、トラブルや悩みを常に共有し、情緒不安定な状態をお互いにつくりだしてしまうことがあります。これを**共同反芻（はんすう）**といいます

4-4 16～17歳 アイデンティティの確立

① ピアグループ

互いの個性を尊重したうえで、価値観や理想を語り合える友人関係を持ったグループのこと。恋話やおしゃれ話など同じ興味によってつながっていた真桜や涼香も、アイデンティティの確立の時期に入り、それぞれが自分らしさとは何かを考えるようになり、相手の選択した未来を応援できる関係を築けている。

② アイデンティティ（自我同一性）の確立と危機

自分は何者なのか、自分はどんな人間になれるのかを見出すことを、エリクソンは**アイデンティティの確立**といった。アイデンティティを確立していくプロセスでは、真桜のように、心理的な混乱状態がおきて、不安や空虚感にとらわれることがある。これを**アイデンティティの危機（自我同一性危機／アイデンティティ・クライシス）**というが、この危機を経験し、自分探しに積極的に関与できたときにアイデンティティが確立できるといわれている。また危機体験中の状態、将来を模索しているが焦点が定まらず、選択肢があっても迷っている状態を**モラトリアム**という。

ここで、**アイデンティティ**について詳しく解説をします。**アイデンティティ**とは、自分が他のだれでもない自分であり、今までもこれからもずっと自分であり続けるという感覚のこと。つまり、「私は何者なのか」「どう生きるのか」という問いへの答えを見出すことです。エリクソンはこの**アイデンティティの確立**を青年期の発達主題としました。しかし、最近は、青年期に獲得できないからといって先に進めないことはないといわれ、中年期でも**アイデンティティの確立**に悩むことが指摘されています（→ P.136）

エリクソンの指摘した**アイデンティティ**の概念を、マーシャ（Marcia,J.E.）は、4つのステイタス（地位）に分類しました

	ステイタス	危機（※1）	積極的関与（※2）
❶	確立	有り	有り
❷	早期完了（フォークロージャー）	なし	有り
❸	モラトリアム	最中	しようとしている
❹	拡散	なし（一部有り）	していない

※1　危機＝迷いや葛藤の時期を経験したか
※2　積極的関与＝自分探しに積極的に関与したか

①確立

危機も積極的関与も経験することで、自分の選択に対して責任をもち、努力を積み、アイデンティティを確立した状態です。この領域になるのは青年期ではごく少数といわれています

② 早期完了（フォークロージャー）

親の価値観をそのまま受け入れたため、危機は体験していませんが、大学を出る、資格を取得するなどの積極的関与によって、選択した生き方を実現した状態です。一見、アイデンティティを確立しているように見えますが、親から譲り受けた価値観が通用しない状況下になると混乱したり、途方に暮れたりすることがあります

③ モラトリアム

帽子デザイナーにも
なりたいし
カフェを経営するのも
いいかも

とりあえず
留学して英語を
しゃべれるように
なろうかな～

自分が何者であるのか、どう生きたいのかを模索しているけれども積極的関与の程度はあいまいで焦点が定まっていない状態です

④ 拡散

危機の有無にかかわらず、何に対しても積極的に関与できない状態をいいます。心の中にむなしさや孤立感、不信感、自己嫌悪感などを抱えていると拡散状態となる傾向が強くなります。「どうせ私は～である」と自分をネガティブな方向に導く傾向も強くなります。また、危機を経験したあとであっても、すべてのことを可能なままにしておきたいという選択をして、何に対しても積極的に関与しようとしない状態になります

③ アイデンティティの探求

自分のことを深く理解しようとすること。亜季乃は、真桜が何に興味があって、何が好きなのかという簡単な問いかけから**アイデンティティの探求**を手助けし、適切な職業をマッチングしようとしている。

パァ
なるほどー未来が広がってきました〜

亜季乃さんってホント、カウンセリングのプロなんですね
まぁ、この道二十余年なので

へぇー私が生まれる前からかどうやってスクールカウンセラーになったんですか？
大学でね心理学を専攻したの

えっ？なんで心理学だったんですか？

心理学を学ぶと人の心が分かるんですか？

4-5 18歳頃〜 時間的展望とソーシャルサポート

① 役割実験

モラトリアム状態の時期に、アイデンティティへの積極的関与のために実験的に体験するプロセスのことを**役割実験**という。アルバイトやインターンシップ、教育実習、部活動などが典型的な例で、頭の中で考えているだけでなく、実際に体験してみることで、気づかなかったことが見えてくることもある。

② 時間的展望

レヴィン（Lewin,K.）が提唱した概念。ある時点での未来や過去に対する個人の見方のことをいう。青年期は**時間的展望**が広がる時期といわれ、将来に対する明確で具体的な予測をすることができるようになる。

③ ソーシャルサポート

親族、友人、知人、地域社会、専門家などから受ける支援や、助けをもらえるという確信度をさす。青年期は親の助言を素直に受け止められなくなる傾向にあるため、悩みやストレスなどに直面したときに相談にのって解決方向に導いてくれる情緒的な支援が、とても重要になることがある。ソーシャルサポートは、子育て、老人介護など、あらゆる世代で必要な支援である。

④ 空(から)の巣(す)症候群

子どもが進学や就職をし、母親としての役割が一気に終結する時期に見られる抑うつ状態のこと。うつ病の一種ともいわれている。ちょうど 40 〜 50 代にあたることが多いため、更年期障害からくる心の不安定感とも重なる場合がある。

ユング（Jung,C.G.）は中年期以降を「人生の午後」といいました。子どもの自立を節目に、中年期は大きな変化を迎えます。例えば夫婦の関係性が変化したり、親の介護問題に直面したり、仕事では管理職の立場としての葛藤を抱えたり、健康への不安を抱える場合もあります。それらの変化を主体的にとらえ、後半生の生き方を模索するために、中年期に再び**アイデンティティの確立（アイデンティティの再構成/アイデンティティの再体現化）**のプロセスが必要といわれています

ピロリン♪

涼香
木戸君にふられた><
まじ？
涼香をふるなんて
あいつ

全力で大切にしたい
人がいるからって
彼女いたんだ
ドキッ

あれ、私今
ちょっと焼きもち
焼いている？
真桜、どうしたの？
次の講義
始まっちゃうよ

あっ、次の講義
何だっけ？
渡辺先生の
「発達心理学
概論の基礎」
タッ

そうだった
急ごう！

★P.12に戻る

Column 4

感情力の発達と支援

近年、感情知能（感情を認知し、理解する力・**EQ**）や**感情リテラシー**（感情についての具体的なスキル）といった**感情力**の発達が世界的に重視されている。自分の感情をマネジメントする力は、いずれの年齢においても周囲と適応するうえで必要な力である。

ところが、この力を適切に身につけられない子どもたちが増えており、**感情リテラシー**や**ソーシャルスキル**（→ P.100）を育むプログラムが開発されている。例えば、怒りの感情を抑えられない子どもたちは、感情の強さに気づいていないことがある。感情が爆発しないように予防するためには、イラッとする感情が弱い段階で自分を上手に**コーピング**（対処行動）（→ P.121）できることが必要とされる。ソーシャルスキルトレーニングでは「感情の温度計」（図１）というワークなどが活用されており、自分の感情の強さを理解することでコントロールできるようにしていく。また、感情を言語化することは感情調節の基本になるため、「なぜ、そう感じたのか」という感情の原因を追求し、言語化してもらう。そうすることで適切なマネジメントもできるようになる。

10 歳近くになると、自分の気持ちが入り混じっていることに気づくようになる。例えば、友だちがゲームに勝ってうれしい一方で、自分は負けて悲しい、という場合である。入り混じった気持ちに気づかない子には、図２のようなワークを使って、人にはいろいろな気持ちがあり、表面に出しているのはその一部だったりすることに気づかせ、自分も他者も思いやれるように促していく。

図 1: 感情の温度計

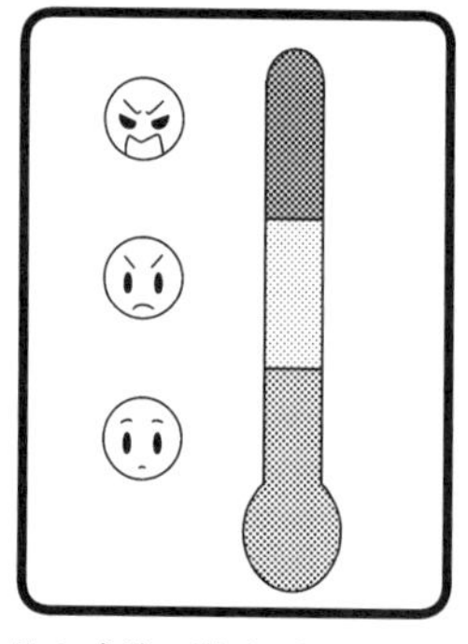

自分の感情の強さがどのくらいなのか、温度計の位置を示すことで客観的に知ることができる。

図 2: 入り混じった感情の見える化ワーク

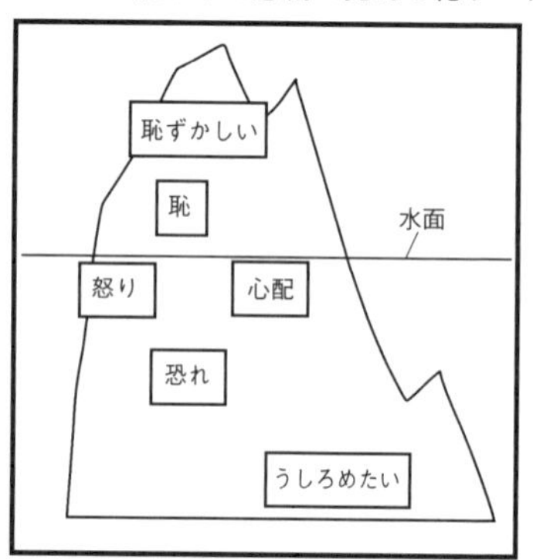

感情を氷山のイメージで配置。水面上は、他人に表している感情、水面下は隠されている感情である。

Column 5

社会的視点取得能力（役割取得能力）の発達段階

思いやりはどのように発達するのだろうか。相手を思いやるためには、自分と他者が異なる存在であることに気づき、相手の内面を推し量る能力が必要になる。外見からだけではなく、他者が置かれている立場や状況を推測する力は**社会的視点取得能力**、あるいは**役割取得能力**と呼ばれており、セルマン（Selman,R.L.）によって発達段階が下表のように提唱されている。ピアジェやコールバーグ（Kohlberg,L.）らによる**道徳性**の発達段階とも関連性が深い。幼児期は、自分と他者の区別が難しいが、児童期になると、相手の内面を想像できるようになる。自分が相手の内面を推測するように、相手も自分の気持ちを推し量っていることにも気づくようになる。児童期後半から青年期にかけては、会ったことがない歴史上の人物や他国の人たちの気持ちも、情報をもとに想像することができるようになる。

（渡辺弥生，2001より）

段階・年齢・内容	説明
段階：レベル 0 年齢：3 ～ 5 歳 内容：**自己中心的役割取得**	自分と他者の視点の区別は難しい。同時に他者の身体的特性と心理面の区別もできない。未分化な視点である。
段階：レベル 1 年齢：6 ～ 7 歳 内容：**主観的役割取得**	自分と他者の視点を区別できるが、関連づけることは難しい。意図と行動を区別して考えられるようになるので、例えば「足を踏まれた」という行為が故意に行ったものか、過って行ったものかなどを考慮することができるようになる。ただし、「笑っているからうれしい」というように、表面的な言動から他者の感情を推測しがちである。
段階：レベル 2 年齢：8 ～ 11 歳 内容：**二人称相応的役割取得**	他者の視点から自分の思考や行動について考えることができるようになる。また、他者もそうすることができることを理解する。“外から見える自分”と“自分だけが知る自分”の存在を理解できるようになる一方、他者の内省を理解することの限界を知る。
段階：レベル 3 年齢：12 ～ 14 歳 内容：**三人称役割取得**	自分と他者という 2 つの視点に加え、第三者や複数の人の視点を関連づけることができる。自分と他者の視点やその関係が第三者の立場からどう見えるのかを考え、それぞれが第三者の立場から互いに調整していくことが可能になる。
段階：レベル 4 年齢：15 ～ 18 歳 内容：**一般化された他者としての役割取得**	具体的な第三者だけではなく、“社会”“共同体”など、複数の多様な視点が存在する状況で自分自身の視点を理解する。「言わなくても明らかな」といった深い世界も理解し、法的、道徳的、慣習的、社会的な視点を他者と共有していることも認識できる。

さくいん

【人名】

【参考文献】

◎『発達心理学』北大路書房／太田信夫（監）、二宮克美・渡辺弥生（編）
◎『ベーシック発達心理学』東京大学出版会
◎『図で理解する発達』福村出版／川島一夫・渡辺弥生（編著）
◎『図でよむ心理学　発達（改訂版）』福村出版
◎『子どもの「10歳の壁」とは何か？　乗りこえるための発達心理学』光文社／渡辺弥生
◎『発達と臨床の心理学』ナカニシヤ出版／渡辺弥生・榎本淳子（編）
◎『レクチャー青年心理学』風間書房

【キーワード】

あ行

か行

さ行

た行

監修　渡辺弥生（わたなべ・やよい）
大阪府生まれ。筑波大学卒業後、同大学大学院博士課程で学び、筑波大学、静岡大学、ハーバード大学、カリフォルニア大学サンタバーバラ校での客員研究員などを経て、現在、法政大学文学部心理学科教授。同大学大学院ライフスキル教育研究所所長兼務。教育学博士。専門は、発達心理学、発達臨床心理学。単著に『子どもの「10歳の壁」とは何か？ 乗りこえるための発達心理学』（光文社）、『感情の正体　発達心理学で気持ちをマネジメントする』（筑摩書房）、『11歳の身の上相談』（講談社）、監修書に『イラスト版子どもの感情力をアップする本　自己肯定感を高める気持ちマネジメント50』（合同出版）、共編著に『中学生・高校生のためのソーシャルスキル・トレーニング』『小学生のためのソーシャルスキル・トレーニング』（以上、明治図書）、『発達心理学』（北大路書房）など多数。

漫画　鈴村美咲（すずむら・みさき）
商業まんが、イラスト、広告などを中心に活躍中。まんがアシスタントとしても活動している。

まんがでわかる発達心理学（はったつしんりがく）　こころライブラリー

2019年5月21日　第1刷発行

監修／渡辺弥生（わたなべやよい）
漫画／鈴村美咲（すずむらみさき）
発行者／渡瀬昌彦
発行所／株式会社講談社
〒112-8001　東京都文京区音羽2-12-21
電話　編集　03-5395-3560
販売　03-5395-4415
業務　03-5395-3615

印刷所／凸版印刷株式会社
製本所／株式会社若林製本工場
装丁・デザイン／工藤典子
執筆協力／片岡 緑
企画編集／株式会社童夢

ISBN978-4-06-515330-7　N.D.C.143 143p 19cm